底　炼

-----四味斋的回忆录

杨钟仁　著

加拿大国际出版社

Canada International Press

书名：底炼----四味斋的回忆录

作者：杨钟仁

出版：加拿大国际出版社

www.intlpressca.com

Email: service@intlpressca.com

2023 年 11 月加拿大第一版

2023 年 11 月第一次印刷

印刷版国际书号ISBN：978-1-990872-56-3

电子版国际书号ISBN：978-1-990872-57-0

Book Title: Trial of the Bottom Tier ----Memories of Siwei Room

Author: Yang, Zhongren

Published by: Canada International Press

Website: www.intlpressca.com

Email: service@intlpressca.com

Printed Edition ISBN: 978-1-990872-56-3

EBook ISBN: 978-1-990872-57-0

谨以此书

献给我的家人

作者 70 岁留影

作者介绍

杨钟仁，1937 年出生于河北省京东宝坻县（现为天津市宝坻区）。

由于社会原因，他九岁的时候就成为父母健在的孤儿，独立奔波，自己养活自己。九岁到十五岁，在水深火热当中奔走，十五岁后进入体制，生活有了着落。先天津后北京，在北京一个著名的建筑企业工作三十余年，先是当工人，即童工，有了机遇后当了干部。

从 1937 年到 2022 年，在 85 年的生涯中，尝尽了社会的酸苦辣咸，就是没有甜。在 80 余年的生涯中，接触了社会的各个阶层，包括最高层，还有最底层，但是他最能够表现自己的是底层，在社会的底层经受了所有的"炼"。在底层的"炼"当中，他有一些收获，他有一些思考。

他当过童工、童农、童兵，后来进入体制，成为体制内的一员，后来又有了"品级"，在中国管理科学研究院，在武警黄金部队有了任命，成为司局级的干部。这些官衔对他没有什么影响，对他有影响的是从童年以来一直到现在对社会底层的耿耿于怀。

本书简介

　　本书是作者以第一人称口述的形式，讲述了自己 80 余年的生活境遇、命运转折与奋斗经历。全书共分五个部分，展现了一个出生于上个世纪三十年代中国乡村殷实之家的普通人的不平凡的历程。童年时的生活图景、少年时的市井百态、亦有历次政治和制度风波中的身不由己，尤为扣人心弦的是改革开放后商海中的几度沉浮，体制内外的欲说还休。

　　本书细节丰富，作者鲜明的个性以及不回避历史的真实使得这本书成为人性的一面镜子，透过这本书可以看见你我他，看到善与恶，光明与黑暗。

　　个人史也是社会史。抗日战争、解放战争、新中国建设等等，大时代洪流中有我们的父辈也有我们每个人。相信透过这本书可以看到我们身处的这个时代的众多剖面：社会的经济的体制机制的。这也是本书能够出版的意义。

前　言

　　我出生在一九三七年的京东宝坻，今年八十五岁。虽然我八十五岁，但在社会上并没有知名度，或者说是零知名度。一个没有知名度的人要写回忆录，会有人看吗？这个问题我思考了很长时间，思前虑后，我还是决定要写。

　　名人传记是给社会添加谈资的，让社会增加色彩。我的回忆是要告诉社会：这个世界有地上和地底两重，地上是阳间，充满了乐趣；而地底是阴间，灵魂们在挣扎中为地上的生灵贡献乐趣。

　　我想要做的就是把我在地底的炼情告诉社会，让人类共同生活在地上，让地底的炼情永远消失。

　　告诉世界地底炼情，消除地底之炼，让世界全部在地上，充满欢乐与爱。

　　四味斋者，是人间五味，我这里只有四味，所缺者何？读者诸君读毕此书，应该知道答案的。

二〇二二年七月一日

目　录

第一章　多憾童年

我一直在想把一生经历的诸多事情，有的是很严肃的事情，有的是很诙谐的事情，有的是很痛苦的事情，有的也是非常愉快的事情，我要用快乐的笔调把苦和难展现给世人。因此我想把这些东西在这次四味斋回忆录当中做一次全面的探讨。

我想一定要用快乐的语调叙述悲欢离合。喜怒哀乐都要用快乐的调子去叙述。让大家感到不管如何痛苦，主题一定是乐观。我要做的这件事情的风格就是不管多么痛苦，让大家在快乐当中了解这一个故事。但是，我真正想反映的是一个严肃的主题。我这一生到现在为止，经过了不到一个世纪的工作和生活，对事情的看法越来越有倾向：光明一定在前头。我七十岁的时候大体离开社会密切交往之后，我才又慢慢地回到了童年，把理想又重新梳理一遍。我用快乐对一生进行叙述，要反映一个最大的主题：就是人类应该永远向前，光明永远在前面。人类社会就是不平的，但是我们要求不平少一些，尽量把公平留给人间，这就必须消除世界的底层之炼，让人类的生活充满阳光。

家世

我出生是在 1937 年 11 月 23 日。年号应该是丁丑年，我属牛。我祖父在我父亲八岁的时候就去世了，应该是 1929 年。祖父去世的原因可能是脑血管意外。据说在打牌的时候来了一张好牌，他一高兴就从椅子上出溜下来，滑到桌子底下去了。大家都抢救，没有抢救过来。我想脑出血的可能性很大。

我祖母是我祖父续弦的夫人，祖父第一位夫人去世后，留下我几位姑姑和伯父，大姑早亡，人们都没见到过她，留下了二姑、三姑和伯父，留下三个孩子。祖父的第一位夫人去世以后就续弦我的祖母。祖母是宝坻县或者香河县的，我不太清楚。祖母的口音是香河县的口音。她出生地的文字称呼应该叫布衬屯，布发音是铺，布衬就是打补丁用的那种布叫布衬。布衬屯我估计也是比较穷的地方，有布衬的地方都应该是穷地方，补衣服用的那些烂布把它拣出来，补到衣服破的地方，那叫布衬，布衬成堆就是布衬屯。口头发音叫铺儿屯。

祖父和第一位祖母我根本就没见到，不知道他长得是什么模样。我祖母是非常善良的，从我出生到我祖母去世，我没有见到她跟任何人发过脾气，人是非常善良的。祖父在我们杨家——大白庄杨家，应该是有一定名望的。大白庄杨家又分出了若干的支脉，即东门杨和西门杨。东门杨式微了，西门杨几乎是大白庄杨家的主体。但是不管分出多少支脉，都是一个杨。

大白庄的杨家祖上是山东济南府历城县的人。当时十三代祖宗杨英挑着两个孩子，挑着箩筐走到宝坻落的户。逃荒的不止我第十三代祖宗一个人，还有哥几个，有一支到了宝坻到哪个村，我听大人说过，但不记得了。老人还说过，另外有一支到了东北，应该是在沈阳那一带。这都是听说的了。祖上有家谱，到我的上五代。大白庄的杨家是大户，至少六七成全是杨姓。我知道的外姓人仅有十来个姓氏。

祖父去世的时候我父亲八岁。祖母带着我父亲，父亲上边还有两个亲姐姐，还有两个继姐姐，是前茬撂下的，还有一个哥哥。前茬撂下的两个姐姐，一个是二姑，二姑嫁到尔王庄镇，尔王庄镇在我们大白庄的西边，过了青龙湾河，河西偏南，有说是八里地，有说是十二里地，我那个时候常去二姑家，我一走就到。三姑嫁到了宝坻县的走线窝，这是学名叫走线窝，口头的名字叫走趟窝，走一趟窝，这个村名就不是很雅了。二姑嫁给一个财主李家，二姑父叫李鸿君。三姑嫁给董家，三姑父叫董玉堂。我大伯父也是前茬祖母生的，要年长一些，他出过天花，所以我们家的人还有外边的人都说叫麻大爷，脸上有过麻子。大姑早亡，我们都没见过，是生病死的，没出嫁就死了。三姑嫁的董家是读书人，应该不算是地主，至少也是殷实人家。四姑在我出生前后出嫁的，嫁到玉田孟四庄。我的四姑父孟家在玉田孟四庄也是一个大户人家。四姑父在上世纪三十年代是教书的，但是他很早就参加了共产党。他参加过暴动。有一年他到我们家，是被政府军追捕，跑到了我们家。在我们家把坑席掀开，把坑坯掀开，他就钻坑洞里边去，上边盖个板。政府军找了多次没找到他，他在我们家避难成功了。后来四姑父成了老革命，很了不得。他在河北省有一定的地位，他在河北省政府或者是河北省委有一定的职务。革命成功了，共产党得了天下，他就从河北省调到了北京，北京的国家财政部担任审计司的什么处的处长。他革命时的名字成了他终生的名字，他叫孟一中。五姑嫁到天津，嫁给了一个做猪毛手艺的工人张国林。这个人后来肯钻研当了工头，在天津买了房子，有了不动产。五姑家有两个儿子，上边有婆婆，还有一个小姑子。四姑也是两个儿子，四姑父是哥三四个，都是教书匠。

我大伯父叫杨升和，我父亲叫杨广和。我们家是一个大家族。我的曾祖父叫杨景福，我给我家坟茔上刻了一块通碑，叫福荫。就是曾祖父的福庇荫我们家族的意思。

我曾祖父下边有三个儿子，我祖父叫杨茂源，我二爷叫沂源，三爷叫崑源，我们杨家的家谱上都有详细记载。1936 年，我父亲跟我母亲结婚，那时父亲十五岁，生我那年是 1937 年，他十六岁，母亲当时是二十岁。母亲家是黄庄镇的，是著名的黄庄大洼。在宝坻的西南部有三个大镇，尔王庄、大白庄，还有黄庄，这三个镇基本上全是在水洼上，是低地。我们村头是青龙湾，是一条河，是从潮白河分出来的，由潮白河再往南走，到宁河县，就是到芦台了，芦台镇是一个著名的大洼，是水乡。

我母亲是黄庄的，是亲上加亲才嫁到大白庄。我祖母和我外祖母的婆婆是亲姐俩，我祖母是我父亲的妈妈，我妈妈的祖母是我祖母的亲姐姐，是亲上加亲，却差了一辈。这样亲上加亲，当时算是门当户对。我们家是破产了，因为我爷爷去世以后，我祖母没有任何经营家庭的能力，我父亲八岁我祖父去世，我祖母那么早让我父亲娶媳妇娶我母亲，就是因为家里要有人扛大樑。他们结婚以后我母亲过门就当家，我母亲上边还有一个大姑子，妯娌，我麻大爷的妻子也是黄庄的，也是怎么拐弯拐过来的亲，记不太清，没有人跟我说。我的大娘对我非常疼爱。我麻大爷的儿子跟我几乎是同时出生，他出生后就死了。为什么？因为我麻大爷是抽大烟，抽大烟拿大烟总喷，夫妻两个都抽，怀胎的时候就抽，所以在胎里边就带着毒生出来的，等生下来以后没有活多久就死了。大体我们家就是这样，我们家是爷爷早逝，一个寡妇祖母带着家过日子，娶了儿媳妇，儿媳妇掌家，我妈过门就当家。

我们家还生了我的妹妹，一家就是六口人，我大娘也算一口。六口之家就靠每年要割一块地卖出去买粮食吃。我家是一个非常大的大院子，东南西北房都有，是四合院。南房我们叫倒房子，采光也是在南边采，但是门开在北边就叫倒房子。我们家住的是正房，正房五间，还有东厢房，西厢房，我大娘就住在西厢房。我祖父、我二爷、三爷他们哥仨，每一支都有一个相同格局相同面积的房子。那么大的院子那么大的房，不是有地有钱那是不可能的。在当时三爷家肯定是地主，雇着几个长工，我们家和二爷家是破落户。二爷去世的晚，我出生以后他才去世的。我出生那一年正好是发大水，1937年闹水灾，把天津都淹了。自然现象就是闹水灾，社会现象就是闹红军，红军就是后来的八路军，就是共产党。红军要跟国民政府夺权。我出生的时候，红军已经在冀东很普遍了。农村基本上红军控制，城市国民政府控制。

当时的自然形势是一片灾害，大水灌了天津，灌了冀东、宝坻，我的村庄青龙湾整个被大水都灌满了。而社会形势是革命烽火满天。

我出生在大水汪洋当中。我的兄弟或者是哥哥与我同时出生。听我祖母说，给他起的名字叫金樑，给我起的名字叫玉柱。我祖母一下得了两个孙子，金樑玉柱。金樑玉柱就是国之栋梁。后来有学问的人说，庄户人家不能叫这个名字，不能叫金樑玉柱，只有皇家才能叫这样的名字。可能就是因为我哥哥死了，是命运太轻压不住，就不能叫金樑玉柱。他死了，金樑没了，玉柱也必须得改名了。那么我的名字就改了，改成叫满粮，满是盛满了东西的满，粮是粮食的粮，粮满仓，满囤满仓，这是祖母的一个希望也是奢望吧。庄户人家必须用俗而又俗的名字，这才可以保住一条命，我想祖母可能是这么想的。

当时留下我，金樑死了，我大伯父也在发大水以后死了。他们死了都进不了坟地，坟地都是一片沼泽一片汪洋，把他们埋在堤坡上，就是青龙湾，河堤的堤坡上，我那个时候就是太小，不记事。我记事应该是上学的时候。我上学的时候我妈给我做了一个棉袍，儿童的棉袍。那个时候一上学，就要告别顽童，要有学生的形象，也要向成年人那样。成年人都要穿长衣棉袍。我妈给我做了一个紫红色的棉袍，又穿上新鞋，背着书包就到大庙。我们村有两个庙，一个小庙叫五道庙。我二爷他们家是最北的房子，我们这一支是三户人家，三套大宅子，二爷是最北的宅子，隔条街就是五道庙。小庙挺小，但是里边也有烧纸的盆子，也有獠牙咧齿的神仙。然后再往北走，大约是一华里，隔着一个护城河，过了桥就是大庙。大庙叫什么名字？没有名字。就是小庙、大庙。我们村里就是两个庙，大庙是学堂。我上学的第一天是我父亲的拜把兄长张赓礼教我，张比我父亲要年长八九岁，他在大庙里是我们学校的老师，或者还要负点责任。那时他已经参加了共产党或者是倾向于共产党。当时当老师的，都是进步人士，包括我四姑父也是当老师的，四姑父他弟弟也是当老师的，我二姑的儿子李小峰也是当老师、当校长，我父亲也当老师。他十六岁到河南投奔三姑父，当了一段县府文书，后来就回到大白庄。他回到大白庄已经是解放区或游击区了。那时就是游击队掌权，给我父亲安排的工作是在牛家牌当教员。那就是大复式学校，所谓大复式就是一二三四年级的学生都由一个人教学。我父亲在牛家牌教书还出了事，当时日本人讨伐，见到老师就认为是共产党，就抓起来。

我到大庙上学，我二大伯张赓礼第一个接待的我，报名、然后写名字。二大伯先得给我起名字，叫杨钟山。不知道我二伯父是不是有这么深的学问，杨钟山正好是南京的钟山，是虎踞龙盘之地，我的名字应该有赓礼伯父的殷殷期望在。我三奶奶那边的大哥、二哥、三哥、四哥，他们分别叫钟英、钟杰、钟德，钟安。二奶奶屋里的大伯没有子嗣。我上学那阵二奶奶和二大伯前边是三个姐姐，大姐、二姐、三姐，分别是钟焕、钟芳，钟芬。后来我都挺大了，二大伯那边又生了两个儿子，叫钟义、钟信。我们家族的人烟还是挺繁盛的。如果我麻大伯父的孩子不死，我们这一支就是哥俩，人烟就更旺了。

我上学以后就表现了很强的个性，学习能力应该还是可以的。我上了一年，我觉得自己挺不错，老师再拿课本来让我认，我就都能认了。上二年级我觉得太低，我就要求上三年级，可是三年级没有课本，我就一下由一年级跳到四年级。到四年级不行，自己以为不错，结果是真跟不上，一个是年龄不行，所以又退回来，又到二年级。刚到二年级不久就发生了大事，什么大事呢？日本人清乡！日本进了中国，1937年就进了中国了。日本人清乡带着朝鲜人，我们都叫高丽棒子。到大白庄，当时我没在大白庄，我记得好像是跟着我妈上天津，那个时候总跑反（就是逃难），经常跑反，或者是上黄庄了，记不清了。

等我们回到大白庄的时候，大庙已经是一片废墟了，整个学校都被日本人烧了，石头烧的都是黑颜色的，大庙全坍塌了，没有教室了。这样就把学校迁到了杨紫陵家。杨紫陵是我的近支长一辈，是县里的乡绅。他家跟二爷家、三爷家都是隔壁，都是一溜一溜的大瓦房。他们是东头，我们是西头。杨紫陵家的房子也是挺高大的，跟我们家的房子是一样的。没有多久又把学校改到二爷家上课，他们家的房子又改为教室。总之已经跟我刚上一年级的时候不一样了，三天两头的闹日本上不了学。

在这种情况下，我学业就到二年级。上了没有多久，先上四年级没跟上，三年级没有书，又回过头来上二年级，没有几天，大庙被烧，学校没了，到民宅里去上课，民宅里上课也是经常有干扰，我们那个课就不好上了。我就学到二年级。

我上学这一段时间，学校被我们杨家包了。我这随便一说什么杨钟达、杨钟禄、杨钟清、杨钟桥，我们同年龄的或者比我们稍大一点的钟字辈的，就不下几十个，学校里边也是杨姓占绝大多数。

学上不了了就到黄庄，到外祖母家。祖母守着大白庄这个家，我三岁时妹妹出生了，就由祖母带着，妈妈就把我带到黄庄到外祖母家去了。我在黄庄和大白庄，上不了什么学，时局不稳，就这样晃悠着，我就在外祖母家，我是吃外祖母家的饭吃得最多的一个孩子，因此受外祖父的影响也特别深。

我的家世就是京东宝坻县大白庄(现为天津市宝坻区大白庄镇)杨家。我们这一支脉从始祖杨英算起已经发展到第十八代了。我的曾祖父下边有长子、次子、三子，我祖父是长门长子，有武生头衔。因为祖父早逝，家道中衰。到我出生的一九三七年，家中的土地已经不多，房产还在。至我稍长约七八岁时，家中房产已经抵押出去(即带了"笼头")，几乎是上无片瓦下无立锥之地了。这时候我家尚有人丁六口，祖母、父亲、母亲、大伯母、我和妹妹。一九四七年土地改革的时候，我家既无恒产又无动产。因此就演出了以下的这一幕一幕地辛酸戏剧。

我家是由于社会急剧的变革和动乱由衰落到解体的。我既没有完整的家庭教育，也失去了学校教育，又失去了社会救济，辛酸剧就有更大的悲剧味道了。

儿童工农兵

外祖父经常教训我，他的口头禅就是："耕者有其田，不劳动者不得食"。这耕者有其田，好像是孙中山说的，不劳动者不得食，好像也是孙中山说的，用这样的话来教训我，就是你得干活。当时我不上学了，我得干活，外祖父家只有外祖母和外祖父，我成了除了外祖父之外的唯一劳动力。跟着外祖父拉着一个小囤子去囤地，他耕地我有时候前面给牵着牲口。我很早就进入了劳动，成了儿童农民，就是童农。那个时候的劳动都是农业劳动，在大白庄和黄庄之间往返游弋，我上学那年是六岁，1943年上的学，二年级是1944年，1945年日本人就走了，投降了。

到日本投降的时候，我正好在黄庄，那是1945年。我牛舅舅好像比我大几个月，他是我外祖父亲弟弟的孩子。我们俩人都听说火箭从天津发过来，平推着，人一个也跑不了，都会被火箭给砍死的。还有什么原子弹，当时不叫原子弹，叫什么弹，就是这么一弄全世界都着火，我估计就是说的日本被炸那个事，我们两个无知的顽童，听大人说话有很多议论。

不上学了，但是互相之间我们的同龄人也不少。在黄庄我也有一些小朋友，我们从小学二年级闹日本，在黄庄和大白庄两地跑，有的时候还去天津，我父亲在牛家牌，让国民政府或者伪军日本的军队给绑了，从牛家牌学校绑到什么地方，绑了一天一宿，后来日本人走了，老百姓才把我父亲给放下来，我父亲就感到很受惊吓，他就不在八路军那里当教员了，他就去了天津。

他去天津肯定是投奔我五姑父。我五姑父给他找点事儿，学作猪毛，这个活比较艰苦，学作猪毛臭味特别大，我估计我父亲受不了。后来他又去找三姑父董玉堂。三姑父原来是在河南省某县当县太爷、县长，后来让日本差一点把他抓住。当时民宅里边的一个女人把他藏到水缸里边了，日本人还翻缸盖了，没看就走了。因为人家女的是黄花大姑娘，那时候讲究旧观念，男女授受不亲，这就等于有染了，三姑父当时就把河南救了三姑夫的女人，收成第二房妻子，那个时候是可以娶两房三房妻子的，三姑也就只能同意，救命恩人哪。后来三姑父在河南不知道怎么待不了了，就到唐山的警察局，唐山归河北省管，原来在河南省，现在到河北省管辖的唐山市警察局当局长。我到唐山去过，也在唐山见过三姑夫，他穿着警官的服装我也都看见了。我父亲也是三姑父安排的，他给找的工作，在唐山开滦矿务局当矿警，是不是有点职务，我不太清楚。

我的整个童年是在战乱以及自然灾害的光顾下度过，我在六、七、八、九岁这个阶段读不了书，到处跑反，童年就是在战乱中度过的。

我第一次到天津长住是1947年的初春时节，大白庄已经开始土改了。1947年的春天，整个冀东就是河北省的东部进入了全面土改时期。

宝坻县在冀东算是比较重要的县，玉田、遵化还有宁河都是重要的县，唐山是大城市，天津北京更是大城市，都是在冀东。冀东那个时候国民政府的军队主要全在这几个大的城市。

整个冀东的乡村全部是共产党八路军管辖，八路军有政府，每个村都有共产党的村长管起来。大城市是国民政府管辖，乡村是共产党管辖。那个时候大形势就是这样，为什么要说这个呢？我觉得我们家族以至于我的父亲母亲祖母加上我和我的妹妹，那个形势对我家产生了巨大的影响，对我们一家几代人都产生了巨大的影响。它甚至还会后续影响几代人的命运。

1947年的春天还是春寒料峭的时候，我离开黄庄。外祖父找了一辆大车，这辆大车搭了几个客人，赶大车的人是外祖父家里过去的长工，是已经养不起的长工，但他们都跟外祖父还有老情谊。赶车人带着这三个人和我一起走。我没有座位，我就跟着车后边走，车走得快我跑起来，车走得慢，我也能够跟上。我身上带得有干粮，从黄庄到天津，经过宜兴埠（就是温家宝的老家）到天津，大概有一百多华里。一天能走到天津。第一站就到了五姑家。她们住的是一个杂院，好几户人家都住在一起。五姑夫由于混的比较好，后来他做猪毛行的生意当了头，就叫把头，叫工头。当了头，所以收入比较高。后来他在鸿新巷买了一处房子，是平房，一个独门小院。北房两间半不到三间，西房两间，在西房和北房之间搭了一个小木屋，小木屋大概有四平米的样子。西房租给一个老师，姓陶，叫陶先生，两口带着一儿一女在那儿住，那两间房是租给人家的，收租金。北房是五姑夫妇带着两个儿子，还有我祖母就在一起住。我到了以后住了一宿，第二天五姑就讲，你去找你妈妈去，你住这个地方不行。那时五姑的婆婆，我叫表奶奶，她对五姑撺我走表示不怎么高兴，但是已经撺了我就得走。

我妈在哪呢？那个时候她在天津，父亲在保定。父亲在一个部队当文书，我妈在天津，我父亲也不到天津来看她，那个时候保定到天津是有火车的，但是他也不来看她。没有办法怎么办，我妈就依靠我舅舅生活。我舅舅当时是警察，他是一个从黄庄乡下来的人，也没有多高的学历，肯定不是当官员的，一般站个大岗，还不是治安警察，薪水也不高，养着我妈已经够辛苦的了，当时他还成了家娶了舅妈，这个时候不得已，舅舅就给妈找临时工干点什么，打个补丁，补补衣服，浆浆洗洗，或者是给人家家里边做点什么事，就是这样勉强挣点饭吃。突然之间又来了一个我，舅舅舅妈实在是不堪重负了。

1947 年在宝坻的时候，我们吃饭就相当困难。我到了天津为了吃饭，想办法让我祖母找我父亲，让父亲想办法管我们。我一来天津，我妈在舅舅家里赖以做个针线活，赖以生存就不可能了。两张嘴养不了。经过找父亲，父亲就有回应，从保定回到天津了，就到乡村警队当文书，有时能给家一点钱。

那时我和妈妈就从吴家窑挪到了天津的河东，河东的小树林，到小树林住在福安客栈，也叫福安店。福安客栈是孙福俊开的一个旅店，租了一个大院子，有二十几间房子，横着一排，竖着一排，打合的还一排。

由于我父亲跟孙福俊是把兄弟，孙福俊比父亲大，是盟兄，我要管孙福俊叫三大伯，这样我和妈妈就住到了福安店，父亲有时能设法给一点钱，然后我妈妈还是要洗洗涮涮，揽点儿活作，可是这样也不行。福安店盟兄弟说是彼此要同生死共患难。天下没有这个事，当时就说这个店里边出了什么事，我们就从这个店出来，到稍远一点，也就是一里两里地之外，那个地方叫三义客栈，在小树林新开路边上叫三义客栈，那是另外一家开的，大概跟父亲也有一些关系。那个时候我还是一个十岁的儿童，我们搬到三义店，有时候爸爸可能给点钱。我妈那个时候从大白庄子来到天津的时候有点首饰，有点细软，还可以当一当卖一卖维持生活。我们每天吃棒子面，没有一点白面。有时候买棒子面时给人家说点好话，人家拿小铲子铲上一点黄豆面，这样蒸出来的窝头就比较喧腾，每天吃的菜就是三合酱，甜面酱、芝麻酱还有酱豆腐，没有蔬菜。

天下穷人都是穷的，永远赶不上好时候。这个时候我二姑家的二表兄，就是二姑家的二儿子叫李玉朴，他哥哥是老大叫李玉坤。李玉坤比李玉朴大有十来岁的样子，李玉坤在宝坻县，那时他就已经是乡绅了，乡绅就是绅士。他也叫宝坻县的活字典，他在学校里教书，解放后当了政协委员。那阵子他也穷了，他们家前后大院套跟我们家的产业差不多，但是他也穷了，他骨架还支撑得住，他在宝坻没有人斗过他，因为他是绅士，李玉朴是他的弟弟，是我的二表兄，他也到了天津，到天津也是没有钱吃饭，就和我们住在一起，我们的生活就更艰苦了。没有办法，玉朴有点知识，他经常给我讲一些事情。对我影响最大的是他一剪子折成纸剪下来，剪了十个字拼出来让我看，那阵我也认识点字了。他剪的是介石回北平，介石就是指的蒋介石，然后是朱什么什么二命亡。他真是一剪子剪下来的，摆上的这么几个字，给我印象最深的就是这个。

他是拥护国民政府的，他是不认同八路军的。他比我大十来岁，他二十来岁。我九岁、十岁的时候，我父亲应该是二十

五、六岁。这时日子就相当的苦了，我妈就更苦。我一个屁孩子我哪懂什么事儿。

我们在三义店也住不下去了。父亲那阵儿遭受的一些情况，这些情况我只是听说，没有见证过。当时父亲跟几个同乡闹纠纷，愤然出走。由于他遭遇情况，在小树林的三义店，我们就住不下去了。

在这种情况下，父亲他可能又到哪里去工作了，这个就弄不太清楚了，反正他在那个地方的杂牌部队里边做事，这个时候就做不了了。我估计他肯定还是要找我的三姑父，再给他找事情做，是不是又回到保定的部队，这个就不太清楚了。总之我和妈妈和二表兄玉朴就没有地方吃饭了。

我妈还得再找我舅舅，她扔了我不行，怎么为难也得带着我，但玉朴表兄他没有别的办法，我估计他在天津可能也有亲戚，尔王庄李家那是很有名的，在宝坻县，尤其是我大表兄李玉坤，在宝坻县还是有一定的名气的，是开明绅士。二表兄去哪儿了，我也不清楚了，我跟着妈妈就找舅舅。那个时候舅舅就很为难了，舅舅总得接收我们娘俩。找一间房子借住几天，然后就给我找了一个工作，这个工作就在吴家窑舅舅居住的那一带。

吴家窑有一个很大的场地，门口写一个大牌子叫华北公墓，那就是修墓地的。那个里边有很多的空地，谁要想埋在那儿就得买那块地，然后在那块地上修墓穴，做石碑，或者还可以做石人石马，看你有钱多少。

　　当时安排我到那儿给石匠的师傅们做服务，烧水扫地等等，那个时候不叫服务，叫学徒。也没有指定哪个师傅是我的老师，我到那算是一个徒弟，只吃饭没有工钱。在那儿有了饭吃，有了点事干，这还是比较好的。但是没有多久，我就见到了华北公墓的掌柜李小帅。他这个人我从来没接触过，也没说过话，那一天给李小帅他妈妈做大寿，大家全停工一天。那天所有华北公墓的石匠们，还有其他的工作人员，掌柜的、班房都一起给李小帅的妈妈做寿，我被派到厨房里边去帮着干活，人家怎么支使我就怎么干。那一天请大客是非常忙的，中午吃饭的时候，我在所有服务人员里边是最下等的人员，所以就没有办法按时吃饭，一直到把所有的事都做完了，那个时候才吃饭。我平常吃饭就多，那一天又饿得那么厉害，一下就吃得很多，到半夜就不行了，上吐下泻，那时也没有人给你看病，看着你喝点水，找我妈也没有找到，有人就把我送回石匠工地里边，有个石匠师傅在那照看着我。到第二天已经受不了了，吐的也没了，拉的也没了，肚子疼脱水脱得很厉害，就没有办法活下去。

　　没有办法怎么办？公墓管事的人就说，你妈也没在这住，你舅舅也没在这儿，你总得找你家里的亲人来给你治病，这个地方是没法给你治病的，你来干活掌柜的管你饭，怎么能给你治病？我就还得回到河东去找五姑。一天一宿已经拉空了，一走路眼前冒金星，从华北公墓往河东走，要过一条铁路，过了铁路就是意大利的领事馆，那叫意国领事馆。我走到铁路那个地方就爬不动了，就晕过去了。

正好意大利领事馆的工作人员看到一个孩子躺在那晕过去了，赶紧就把我抬到领事馆里边，一摸身上也热，领事馆里边有大夫，就给打上针了，吃上药了。第二天就缓过来了，人家也没找我要钱，问问我到哪去。人家给了饭吃，治好了病，我就又到了河东五姑家去找祖母。祖母那边很是无奈，不高兴也没有办法。五姑的两个儿子我叫表兄和表弟就指桑骂槐，五姑也是非常的恼火，我没办法就离开了鸿新巷，我就又重新回到了福安客栈，就是孙福俊家。我一个人去了，硬去硬住，我就说了我的遭遇。孙福俊冲着我父亲的面子还得收留我，那个时候我是最苦的，人家有饭让我吃点，没有饭我也吃不了，很痛苦。在这种情况下，我就得想办法自己能吃个饭，我就从福安客栈到中正桥，以前叫法国桥，现在叫解放桥。就是海河的那个地方，我到那儿看，有一个孩子说咱们俩人给人家卸船，那个时候船就在河边停着，一个工人扛四袋面，一袋面我估计就是二十斤。大人一次扛四袋面给两个牌子，然后拿着这两个牌到老板窗口那儿，用牌子换钱。这个孩子比我大一点，我们两个人一人扛一袋面，这一趟你拿牌，下一趟我拿牌。两袋面给一个牌，四袋面两个牌，一个牌也换不了几个钱。我还是扛了不少趟得了一点钱，买不着什么像样的东西吃。

扛完面我回到福安店挺累的。回到店里我又不知道上饭馆里怎么去吃，我就拿着这个钱在福安店对过小铺里买小花生。现在我们吃的花生是大花生，那时小花生很小，应该是炸油的花生，特别香。我把这钱给人家，人家一下给我一大兜子，拿报纸叠个三角给你装到里边，我就拿着回福安店吃，吃完喝点凉水，因为油性挺大，结果吃多了，吃完了也没有饭吃，又吐。

在这种情况下，也不懂去输液，饿一饿就好了。没有办法，我还得到那儿去扛大个。那个工作的官称叫扛大个扛码头，也叫脚行。扛大个就是干这个活。福安店的少掌柜叫东发，就是孙福俊的儿子，比我大三四岁，个比我壮，他知道我去扛大个。有一天我大哥杨钟英（就是我三奶奶家的大孙子），听人家说我流落到了福安店，他到福安店找我父亲，偶然间知道我在法国桥那儿扛大个，是东发告诉他的。大哥一听就掉眼泪了，因为我那时年纪太小了。我大哥就赶紧走到解放桥，找着我了。

找到我后他问我，老叔、老婶上哪去了？他说的老叔就是我的父亲，老婶就是我的母亲。我把我知道的跟他说了，他说你别在这儿扛了，你哪受得了。大哥就把我领走了，又让我回到福安店，到福安店以后给我留下一张红票，让我在这吃点饭，他说想办法找我父亲和母亲去，他就没带着我走，还让我住在这。这张票我就给东发了，东发给他们家，这样就没再不让我吃饭，在福安店又住了一段时间。

这就是我在人生的旅途上，在华北公墓学石匠，结果因为吃多了，又由于饭不清洁，引了一场大祸，差点亡命，要不是后来意国领事馆救了我，我想那就没办法了，你昏迷过去了，你还有什么办法活命？我在华北公墓刚就业就失业，我又变成了孤独一人，我十岁去扛码头，扛大个，人家一个人扛四袋面得两个牌，我们两个人一人扛一个，两个人两趟各得一个牌，这可能是吉尼斯世界纪录了！所以说这个经历是很心酸的。

我在经历了扛码头扛大个这件事情以后，大哥来了又走了，福安店也不可能长期住了，因此我还得要找事情做。没有办法了，我就又找到母亲，母亲当时也很忧心，我是他的儿子，以前她上哪儿都带着我，在大白庄子有的时候去随礼去看客人，她到任何地方都是带着我的，她对我是非常疼爱的。

但是那个时候我有一些想法，我们从三义店离开以后，舅舅那儿很有怨言，绝对不再养我了。他让我妈和父亲离婚。你不离婚你不再嫁一个人，你也没法活，你的孩子也没法活。被逼之下，母亲找了祖母，到了鸿新巷五姑家。

祖母跟妈两个人到街上，我妈就跟祖母说，说我实在没办法活了，说我父亲谁都养不了，他自己也没踪影，连个信都没有，我带着孩子，我怎么活。没办法我只能找个出路再嫁人，得跟我父亲离婚。祖母一生当中什么决定都没有做过，所以这件事情祖母也是不同意，但是没有办法。我妈就接着祖母，让舅舅找一个律师，办了离婚手续。祖母回来以后也没跟我说，后来是五姑讲你妈已经走了，已经不姓杨了，你找她去吧，你奶奶这儿也养不了你。我知道这件事情以后，我对我妈的感情就有了天翻地覆的变化。原来是妈跟我亲，知道这件事以后，我就突然的对妈妈翻了脸，不认妈了。

我总得要吃饭，没办法之下我又找到舅舅，舅舅把我妈找来了，妈妈对舅舅说你看看你怎么想个招给他弄个事儿。舅舅还是有关系的，他当警察，认识的人也多，所以就给我介绍一个工作。

在隆懋洋行对过，那个地方就是天津最繁华的地方之一，叫大沽路。大沽路跟中正路（后来就叫解放路）那是最热闹的地方。隆懋洋行对过有一个郭记馃子铺，让我到郭记给人家干活。掌柜叫我干的活就是，每天师傅一起床我就必须起床，因为我小孩睡不醒，师傅一起就得把案板周起来，白天是案板，晚上就是床板。我就不能再在面板上睡，把面板支上，师傅合面、烧油、炸油条。油条天津叫馃子。我的任务就是起来以后干活，所有的杂活师傅让我干的我都得要干，每天起来就是夜间三点钟，起来以后干活，第一锅馃子出来以后，用一个大篮子，上边盖上布，数出一百根油条，我挎着这个篮子赶紧走，天不亮就由馃子铺走到天香池，天香池就是澡堂子，那个时候澡堂子穷人睡一宿，早晨起来我去送果子，掌柜的给大家吃，就是花钱买了。

那个阶段大概三个月左右是相当的辛苦，眼睛长眵模糊，走着路就睡着了，辛苦到这种程度。白天还得要干活，白天有的时候发面，跟着做烧饼，活很多也是不挣工钱的，就管饭吃。

三个月以后我出了一件事，我给人家送馃子，正好那天早晨童子军出操，童子军就是解放后的少先队，也是打着领巾，戴着帽子，穿着制服出操，拿着木头杆的枪，我送这个馃子，我一边走就犯困，结果童子军把我给撞了，这一撞就惹了大祸。

馃子就是油条，炸的酥脆的，我一摔跟头，筐整个掉在地上就滚起来了，所有的油条全部都碎了。童子军你还惹不起，童子军是学校官方的惹不起，结果找谁也没法找，我就得回去告诉郭掌柜的，说我被撞了，撞完了以后我摔个跟头馃子全碎了，把篮子还有点碎馃子拿回来了，掌柜的就愤怒了。他每天必须让我把这一百根馃子送到天香池，这是规矩，到点不送，这个生意就黄了，他当然着急，他着急对我就相当粗暴了，打骂等等的体罚，我就没有办法在那干了，他也不让我干了。在这种情况下我不能再去找母亲了。好容易舅舅给我找这么一个事儿，我惹了这么一个大祸，我要去找舅舅他也不会管。那没有办法，我又由大沽路走到鸿新巷，到五姑那说了事情的经过，五姑没有任何同情，就说你妈也给你找事了，你也惹祸了，我就没办法了，你去北京找你三姑去，你别总在我这儿了，我还得养活你奶奶，你到北京找你三姑去。

我去北京这里边还有一个很冷俊的笑话。去北京我身无分文，五姑一分钱没有给我，祖母也没有钱，她就是在五姑家白吃饭。我怎么才能到北京，我当时也是要动一点脑筋了。

我到了火车站，到检票口那儿的时候，我在一个军人可能是一个当官的身后，他走我就跟着他，我拿手轻轻地拽了他后上衣的衣襟，还不能让他感觉出来。他走我也跟着走，这样到检票口那的时候我就很容易的跟过去了。

那是怎么回事呢？在那个时候军人是免票的，军人带的家属也是免票的，我拽上军人的衣服后衣襟，他不知道他没觉察，但是检票的人看见了，我拽着他的衣襟过去了那就肯定是亲属就没再要票，我这样就算过去了。过去以后车上还要查票，那么这个怎么办？我也没有办法，只能就是来回的躲。我为什么有这样的经验呢？我前文已经说过了，我妈对我是最喜欢的最疼爱的，她到哪都带着我。由天津到北京要坐火车，她带上我，我坐过火车，也知道军人是不买票的，家属是不买票的，因此我就用了这么一个叫智慧也好，叫无奈也好，就等于说没有票上了车，一过了检票口就没人再管，上车你自己去找地方就行了，那个时候没有座位号。

到了前门火车站，以前我跟我妈都到过，到了前门火车站，我要出站，要出站我是没有票的，我就顺着铁路走，一个小孩顺着铁路走，没有人认为我是逃票的，就认为可能是小孩子走到这里边来了。

我知道我往东边去，就是出了前门再往东边去，我跟我妈到北京去的时候，有的地方我是走过的，三姑在外交部街协和胡同一号我都清楚，出了火车站我就到了崇文门，从铁路线上出了火车站，那个时候不像现在管的这么严。有空子可钻，这样饿着肚皮，耍着赖皮，从天津到了北京。到三姑家以后，是非常不愉快的。三姑父从河南回到了唐山市警察局当局长，现在又回到了北京，也就是北平。他当时的职务我记住了，河北省民政厅户籍科的科长，现在好像是处长的位置了，大体就是县团级的官员。

见到我以后三姑很不愉快，我突然到他那去，一要吃饭，二要住，这都给人家添了麻烦。他们住的地方虽然是很宽敞，有几间房子，但是让我住，他们也是很不愉快的，我看得很清楚。

三姑父知道我来了，但是跟我没有几句话说，三姑和三姑父两口子，还有一个人，叫刘荫存，刘亮没结婚的媳妇。刘亮是我表兄，是三姑的儿子，他本名叫董澈，到了延安以后跟他父亲脱离了关系，不姓董了，姓他未婚妻的姓叫刘亮。刘亮的未婚妻刘荫存，她自己有一间卧室，三姑和三姑父有一个卧室，我可能就住在一个小间，是什么房间我不太记得了，临时就住在那了。

第二天，三姑就给我找职业，就带着我从东单总布胡同到西单，就是现在的西单商场，到西单商场有一个卖旧衣服的，那个时候有专门卖旧衣服旧用品的商店，就叫估衣店，我就被三姑领到估衣店。估衣店有一位长者，白胡子都过了胸口，叫严掌柜，在那个店里边坐着，三姑就把我介绍给他，意思就是让我在严掌柜这儿学徒，学卖估衣。估衣就是旧衣服。介绍完了三姑就走了。没有两三天突然我看见了四哥，四哥就是钟英大哥的第四个弟弟叫钟安，是三爷他们这支年纪最小的了，他比我年长大概四五岁。

原来在大白庄的时候，四哥曾经是儿童团的团长，八路军刚刚开辟根据地的时候，还没有斗地主，还要跟有钱的豪绅搞好关系，所以那个时候我们都一块上学，他是高年级学生，组织儿童团，那个时候还没有搞土改，也没有划分阶级，所以钟安四哥就成了儿童团的团长。

我那个时候算儿童团员，我六岁上的学很小了，小屁孩一个。我突然看见钟安四哥也在西单商场，我问他，我说四哥你怎么到这儿来了？他比较麻木，不是反应挺灵，他也没有觉得很突然，我也到那儿了。他就是说我在这学裁缝，给人家做衣服，商场里边有裁缝店。我到他那个地方看看，那是挺忙的，都没有人坐着，全是站着干活。我在严掌柜那儿待了没有多久，大概三天五天的样子，严掌柜就要辞退我，他就把三姑叫来了，他说我不会干活，不会干活的原因就是卖估衣得要喊，这件买了去你给多少钱，新里新面，我不会喊，我会喊我也张不开那个嘴，几天也卖不出东西去，不是我给掌柜的帮忙，是掌柜的给我帮忙，帮什么忙呢，管我吃。掌柜的吃的不多，我一个人吃的饭比掌柜的两个人还多，这样掌柜的就对三姑说他一不会干活，二就会吃饭，吃的还挺多的，你把他带走我养不起。

在那没有几天的时间，三姑又把我领回去，领到协和胡同，领到他的家里。第二天第三天我钟英大哥到三姑家去了。钟英大哥他知道我已经到北京了，也可能是三姑告诉他了。说了一会儿话就叫我跟大哥一块走，上他那去。三姑就告诉我，你上你大哥那去，你大哥那儿工作比较好，你到那儿去学手艺去吧。学什么呢？学织袜子，织袜子专门有织袜子机，你去学那个去。我跟着大哥进了花市，大哥他们家那个时候有三奶奶、有五娘、大嫂，那时候小宝已经出生了，就是大哥的大儿子已经出生了，就全都住在花市。五大伯在土改时被打死了。

在花市住的除了大哥以外，还有我二爷家的二伯父，叫杨光和，他也在花市，我当时不知道这种情况，后来才知道。到了钟英大哥那儿也是没有任何人情，也没有任何关照。

原来我在天津海河中正桥边扛码头，大哥见我非常同情。现在到大哥的工厂以后就全变过来了，大哥就说你要干活，你不干活那不行啊。吃饭我吃多吃少，大哥倒没有说过，但是干活必须得干，不管你是什么年纪的人，给你分配的活你就得干。而且干活的时间特别长，不像现在所说的八个小时工作，那个时候天亮就得干活，到大黑看不见亮了，才能够停下来。一天是很疲劳的，我在那干了一些天，也不行了，为什么不行了？我一到晚上什么都看不见，就是夜盲症，俗名叫雀目眼（雀音巧），那是缺乏维生素A。那个时候不懂的，就是夜盲症。大哥、三姑他们也都不懂，这是夜盲症。雀目眼。我晚上看不见，以为我是装的，我自己感到特别痛苦，晚上确确实实什么都看不见，两眼一抹黑，晚上也不能干活了。

这样大哥就把我又退回三姑家了，说让三姑给我找个人看看这个眼睛是什么病。我到三姑那儿住了几天，逐渐的晚上能看见东西了。我在三姑那吃饭，她们吃什么，我就跟着吃什么，人家吃的少，我吃的多，那是有营养的。在大哥那吃粗茶淡饭是没有营养的，没有脂肪类的食物，所以又长时间的疲劳就引起了夜盲症，这样在花市学织袜子也没有做成，三姑就感到非常的不愉快。

我在她那又住了一段时间，我每天也不在家里，我自己走到外边去游玩，然后晚上回来。突然有一天三姑就跟我说，我给你找个事，你上电车公司去卖票，你就别说你多大，你就说你十五岁了。当时给我准备了一点衣服，还要准备个照片，然后到电车公司学卖票。刚刚有了这么一个动议，电车公司肯定是冲着三姑夫这位官员的面子就答应收了我。可是还没等我去报到，就发生了另外一件事情，发生了这件事情对于我来讲是一生的痛苦，而且也多次充满了巨大的死亡危险。

　　我要离开北京了，要到一个新的虽然已知道地点，但是还不知道命运的地方去，这样危险就来了，生命的危险就来了。

　　本来我已经获得了人家电车公司的认可，就是电车上的售票员了，这对我当然是很好的事。可是事有凑巧，就在那一天，三姑父家的一个同院熟人从外地回到了北京。这个同事姓贾，穿着一身非常像样的军官服装，戴着大盖帽子。他来了还给三姑夫送点礼，是从外地带来的特产。三姑父就跟姓贾的客人聊起天来了，后来还小酌了几杯，我在他们面前晃了晃，因为吃饭也好，谈话也好，都没有我的份，我就离开了。等到晚上三姑父和三姑同时叫我，说：你看见贾先生了吗？他是从天津过来的，他在静海，他是一个军人，他愿意把你带走，给你找事做，有饭吃。

　　我主要是为填饱肚子，有人管饭，当然就好了。我也没法问，当然也不敢问：我跟着贾先生走，你们放心吗？我到那干什么，吃什么，这些我都没有敢问，反正有吃饭的地方就走。第二天贾先生带着我坐火车，经过天津到静海县。因为他驻防是在静海。这次他回北京主要是过八月十五，第二天军务繁忙，就带上我到了静海。

　　八月十五天就已经凉了，我是夏天从天津流浪到北京的，因为坐蹭车过来的，也没有行李。到北京又找了几份工作，其中有两份都没有做长，被人家辞退了。第三份还没等上任，贾先生就来了，跟三姑父一谈非常投缘，就把我带走了，跟着贾先生去静海。我夏天穿单衣到北京，我身上一张纸都没有带，一分钱都没有，就凭着当时的愣头青不计后果，就敢于拉着一个军人的衣服襟闯过去。那时候穿的那身单衣服，现在是秋天了，要离开了，总得要穿厚的衣服。离开北京的时候，是谁的衣服我不清楚，可能是刘亮小时候的衣服。

跟着贾先生离开了北京到静海县下车。下车以后贾先生带我走到一个地方。到这个地方停下了，贾先生就把我带到了一个院子里。这院子里全是穿军装的，一看是部队，到部队见了一个任连长，然后贾先生就跟任连长讲，这个是谁谁的亲戚，到你这儿来给你当勤务员，给你媳妇带孩子，就是这么个事。交待完了贾先生跟我打个招呼，说你好好的在这跟任连长和任太太他们在一起，他们有饭吃你就有饭吃。贾先生走了，从此我就再也没有见到过贾先生了，他到哪去了，归宿如何，我就一点也不知道了。

我在那个地方还算是自由的，比在三姑家大哥的工厂都好。干活远远没有在郭记馃子铺还有华北公墓干的活累，更没有扛大个找码头的累，卖估衣也好，学织袜子也好，都是一吃不饱，二活很累。

到这个地方任连长和任太太对我挺和善的，让我干的活我都力所能及，吃饭他们吃第一轮，他们吃完了我吃。他们有一个男孩两三岁的样子，我有时候领着走，有的时候抱着走。我在离静海大约十来里地的村子里待下了，一待大概待了一两个月的样子。我这身夹衣服在那已经不挡呛了。不挡呛怎么办呢？任连长给我找了一身旧军装，因为他们这一支部队也是杂牌部队，没有正规的军装，过去日本士兵留下来的那种服装，七长八短的，然后给了我一身，就找最短的最小的给了我一身，我得把裤脚子挽上来，挽上来有的时候还总往下溜，我还得找个绳把它捆上，袄袖也得挽上来，那个也不是棉的，是夹的军装。当时我自己穿了一身夹衣服，三姑那儿给我的，我再加上这个就可以御寒了。

八月十六到的静海，一幌就是九月底了，或者是快到十月的样子了。一两个月的时候天气就凉了，在这一两个月之间时局就有了很大的变化。我当然也不知道什么叫形势了，但是变化到生活越来越恶劣了，人们看着气氛越来越紧张了。好像说林彪的队伍已经到了静海了，林彪的队伍就是第四野战军，那时就听说过这个名字了，林彪到了静海，这个杂牌部队就得回避逃跑，回避就得进天津。

这个部队他们告诉我说他的司令姓高，叫高洪基。部队的番号我不知道，没人跟我说过。有个小故事，我在那的时候，我肯定在后勤，包括吃饭，包括干活等等的都在后勤里边，是司务长管我，司务长戴个眼镜，文质彬彬的，不粗野，说话各方面也挺文雅的。

有一天他登记我的名字，写上我的名字以后，他就跟我说，我给你测算一下你的名字，你这个名字不吉祥，你得改名字，因为我那时候的名字就叫杨钟山，钟山风雨起苍黄就是这两个字。司务长说我这个名字不吉祥，他说笔画不符合阴阳的规矩，所以你必须把山字改了，把杨钟山改成叫杨钟仁,音调也好听了,笔画也顺了,而且我给你看相了,你将来改了名字以后,是会有大富大贵的。因为他是司务长,我只有点头,我的名字就改了。在花名册上就把山字涂了,改成仁字了,这个名字就留下了。以后我不管在哪个地方办事,只要需要留名字的时候,都留的是杨钟仁。有的时候协音,人家也给写错了,不叫杨钟仁,叫杨宗仁。"钟""宗"在中国人的语汇里边经常音是混淆的,尤其在天津的语音里就更是如此。

当时就是林彪的四野已经包围了北京,也即将包围天津。战略包围已经形成了,所以我在的这个部队就得赶紧走。任连长留下了,我还跟着他,连长的夫人和孩子疏散走了,去哪儿不知道,没告诉我,我也没送。按道理说连长和连长的孩子走了,我也就得走,我是给人家照顾孩子的,但是任连长跟贾先生关系可能很不错,就把我留下了,我就等于当兵了,就不是给人家当勤务员了。那个时候人家给了我一身夹的军装,当然比不穿那要好多了,帽子戴着咣当咣当的。

高鸿基这个部队就全面紧急撤退,在撤退之前,我就跟着部队到处躲藏,他们走我就跟着走,他们住我就住。当时在静海,我跟着他们一起去过八门城,还去过王庆砣,还坐着船去了盐山,盐山县跟静海县接壤。然后又坐着船回来,最终就到了天津的王定堤。到了王定堤等待被正规部队接收,因为我待的这是一支杂牌部队,等待作为炮灰补充国民政府的正规部队，正规部队在城外把高洪基这支部队就吃掉了，这个时候我的生命危险就来了。

人家带着你走，第四野战军已经控制了所有的制高点。你还得躲躲藏藏，还得掩盖。那时国民政府就是政府军，埋了大量地雷，整个的开阔地都埋了地雷，以防止四野进城。他们带着你走，你必须紧跟着走，你不能错脚步，错了脚步地雷就响了，这个时候是非常危险的。我看到最为不忍看的一幕，一只胳膊挂在树枝上，其他的狼藉的尸体我们随着走，就随着都看得到，有的是地雷炸的，有的是第四野战军放枪追击打死的。我当时就紧紧的跟着走，一步也不差的跟着走，随时有被炸死和打死的可能，情势非常的危险。

从中午就往城里边走，隐蔽的慢慢走，人家正规的队伍带着，不带着你不知道哪儿埋着有地雷。终于到晚上进了天津。天津是我几个月前离开的地方，我在天津干过活，虽然远的地方没去过，但是河东这一带还有河西，就是小树林、大沽路、吴家窑这些地方我都去过。我从王定堤进来，正好是到拉萨道，是通吴家窑、马场道的一个地方，我们进来以后全体缴械，我还没械，我也不是兵，我也没有枪。全体缴械以后进到一个学校，这个学校叫什么名字，我当时就没记。进到学校里边全部解除武装，不管你是枪是刀全部都被收缴，然后重新登记，重新编队，原来高洪基部队的建制没了。

我到那以后被人家的正规部队挑兵，补充兵员，补充炮灰。人家挑兵要挑身体好的，个头够的，长得差不多的。人家挑完了带着就走，我在那儿没有人挑。但是事有凑巧，正好有一个带兵的人，他让我跟他走，说给他们连长去当勤务兵。我到新的地方以后确确实实改善了我的命运。我穿的这一身衣服，到那就全扒下来了，里面三新给我一套新棉衣，里边的衣服也有，外边是新的棉军装给我，找最短的，然后给我把腿和袖子往上缝了缝，我就在这个地方待下了。我到这以后第三天头上，第四野战军就把天津给打下来了。

1949 年的 1 月 19 日，是解放天津的纪念日。任连长我再也没见着，这个新部队的连长我也没见着，因为他们都在外围作战，都是用土麻包搭的工事，他们都在外边守着。连部里边就两三个人，我是新来的。发了军装我是相当高兴，吃的也好，这是我生平以来从来没享受过的那么高的待遇。有牛肉罐头，有香肠罐头，那香味我从来没有享受过。我还生平第一次吃上大米饭。

第三天，我出去到院外边看看，因为平常都住在民居里边，我从院里出来，看见好多穿军装的，脑袋上带着草圈子，草圈子是为了伪装，实际上就是第四野战军的战士进来了。他们一看我穿着国民党的军装，又是一个小孩。对我没有动枪，问我是哪的，我说是连部的。问连长在哪，连部在哪，让我带着走。这两三个人头上戴着草圈，穿着皮大衣就进去了，就把枪端上，喊不许动，这三四个人是连部的都没有带枪。连部的这几个人有肩章的，有帽徽的都得撕下来，然后归队俘虏。那个时候我们就离开了拉萨道。

我们被押出来以后，第四野战军的战士到处收集俘虏，我就等于被俘了。从高洪基部队被解散、被收编，三天以后被第四野战军的战士给俘虏。实际上我也是没有参军，但是人家挑了我，从这一天开始，我就进入了俘虏的队伍。在俘虏的队伍里行军走路不断，没有休息。你必须跟着走。从拉萨道走到六号门，就是河东了，后来又走到河北，又走到宜兴埠，我从宝坻县黄庄来天津的时候，就经过宜兴埠，从宜兴埠进的天津，这次出天津又走的宜兴埠。整夜走路不休息，走到哪儿根本不知道，就是昼夜的走。我已经疲劳不堪了，两个大腿轴子疼的要命，而且两个手冻得都麻木了，什么知觉都没有了，但还必须得跟着走。我咬着牙没有掉队，就是又捡了一条命！

大概从拉萨道被送到俘虏的队伍里边，走到能够停下来的时候，整走了一夜，天亮了。速度跟我的年龄不成比例，我几乎就是小跑，他们走慢了是不行的，他们的枪栓全交了，外边的队伍是四野的战士，是押着俘虏的，他们枪里边都带着子弹，所以你就只能听命令，让你怎么着你就怎么着。走到天亮过了一个地方叫白龙港大桥，归现在天津的蓟县管。这已经超过宝坻县的界限了。从天津到宝坻，经过宝坻再到蓟县，差不多有二百里地，完全是昼夜不停地走。

那时是 1949 年 1 月，那时我十一岁多一点，还不到十二岁，就受了这么大的罪。到了白龙港过了大桥就开始休息。

　　跟着部队走到了白龙港，也就是蓟县所在地，现在叫蓟州区了。到那以后开始休息，所有被俘的人员全都清理造册，所有人都要把原来的部队番号说出来。我不知道，什么番号都不知道。但是我也算是登记注册了。休息了一两天，当时走了一天一宿，就是铁打的人也受不了，何况我那个时候还是纯纯粹粹的一个儿童，这就是我说的离开三姑家离开北京就面临生命危险的第二个危险。

　　第一个危险是走地雷，听到地雷响，也看见树枝子上边挂着人的一条胳膊，在风里边游来游去，地上都是尸体，那是相当惨不忍睹的，走错一步就是死亡。

　　第二个危险就是这次大走路，我觉得我身体还是由于这次大走路落下了一些毛病，比如说两个胯骨轴经常麻木，走路稍微一长就麻木，以前没有过，是这次大行军以后产生的。当时手也都冻了，脚走得起了血泡。到了白龙港休息一两天，又往山里边走，到蓟县的山里边就是盘山了。又往里边走了一段，就开始号房子，从老乡家里号出房子来登记名单，然后编成一间房一个组还是一个班我就记不清了，我就留在了连部。连部全是四野的战士，全是八路军，没有国民党兵，我在连部仍然是给他们当勤务兵，干杂活，当时给我的任务是通讯员。往连队送文书，往各个上下机关送文书，告诉我去哪我就去哪，给我东西我带上就给送去，就是干这个事。

　　我要干活，跟大家一样，还得要参加学习。我不是非得天天学习，有点时间就过去听一听。每个人都要把自己的家世、经历、出身，凭你的口音你想装都装不了，全都登记在册，你说就有人写。我就很简单了，我就是宝坻的，他们就告诉我这离你家挺近的，当时我不知道蓟县跟宝坻有多大的距离，那个时候我没到蓟县去过，我跟着我妈到过杨村，杨村是武清县，由杨村到过天津，由天津到过北京，由北京到过唐山。在我幼小的时候跟着我妈全都走过。这一次到蓟县，这是第一次，在会上我也要说我是哪来的，有什么想法等等都可以说，我这一下就惹了大祸。

每个人都要说说你的经历，还得说说国民党怎么不好。我就没有说，我就说好，我说我到处找事，没饭吃总是挨饿，后来我三姑父给我找个事，到了他们部队我就吃饱了，后来进了天津，我的衣服都有了，棉衣服都是那个时候发的，我原来都没有。我吃饱了也穿暖和了，没有什么不好。然后又说三民主义，就是跟我外祖父学的耕者有其田，三民主义，什么民生、民主、民族。在我外祖父那学的东西，我全在这都说出去了。我这一说出去就麻烦了，跟人家要求的步调不一致。但是当时也没治我，只是批评我，说我顽固。我当通讯员该送东西还送东西，回来该说还说，后来他们就不让我随便说了。

1949 年 1 月 19 日天津被解放了，第四野战军就占领了天津。我从离开国民党的杂牌部队到天津，让正牌部队把我领走，再到天津解放，就是两三天的时间，那变化是相当神速的。我也没有来得及记一记，我到了天津怎么样，跟我妈联系，还是跟五姑、跟祖母联系，都没有时间。

所以在蓟县这一段，我想应该是一个多月或两个月。当时有一个连队的干部，专门跟我谈过一次话，说你想吃饱饭吗？我说我想吃饱饭，他说你不能再说你说的这些话了，你得规规矩矩的不要再说什么话，我跟上边都说好了，有十几个比较有文化的年纪轻的，我们都认为不错的人，这些人可以去唐山，培养你们上学。我听了就有反感。我在连部博得好感，是因为我干活不吝惜，冻得那样一缓过来，让我干什么我就干什么。他们正式的八路军，都是骑着马去送文书，我就颠颠跑着去，跑着回来，我干活是让人家满意的。所以当时想让我到唐山给予培养，培养完了你就可以做点重要的事。那时候不懂，不知道将来要怎么样。我当时绝对不愿意跟着他们一起走。

那时候我的思想一直是崇敬国民政府的，受我外祖父的思想影响很深，根本就转不过弯来。但是他们不让我说，我也不说了。让我去上学，我拒绝了。我又在那说了一些话，又说三民主义好，又说耕者有其田。他们让我去上学，等于是保举我，我就硬是不去。后来他们告诉我离宝坻近了，就让我回老家，给开了个路条，拿着这个路条，还给三块大洋。像我这样写个路条回老家的很少，大部分都参军了。

如果我那时参军，如果随他们到了朝鲜，我估计也就是到了长津湖了，那就够呛了。因为他们都是南方人，那些兵说的话我都是听不太懂的，叽里呱啦的都是南方人。这帮人是陈长捷的队伍。傅作义的队伍投降了，还有和平起义的，全部参军都进了朝鲜了。因为我没有参军，也就没轮上去朝鲜，我觉得这是第三次把风险闯过去了。我拿着路条找到了宝坻，完全凭自己问路走，到了宝坻就大黑了。

找到县政府，我还是长一个傻心眼，这三块现大洋，我出发前就把它缝在我棉袄里边了，然后拿着路条就离开了。我估计一看这个路条写的是思想顽固，给我是这么评价的，思想顽固，对我就很不好了，不管你是小孩还是成年人，你思想顽固，八路军是不愿意的，就把我接过来放到宝坻县的监狱里边了。大概是两天，他们县政府联系了大白庄，那时没有电话，联系好了以后就告诉我怎么走，让我去大白庄。从宝坻监狱里放出来也没人押着，也没人管。两、三天，我就从宝坻的监狱里放出来了。宝坻县政府又给我写一个路条，拿着路条三天我就到了大白庄。那个时候是两眼一抹黑，我全家人都已经到天津。大白庄已经没有我们家的人了。

我妹妹是不是还在黄庄，我就记得不太清楚。因为天津解放了，1月19日是冬季，等我到了宝坻的时候，是过了年了，三月份了，一个多月的训练，在路上再走过去，恐怕就是三月了，那个时候我两眼一抹黑，家里的人一个都没有，一个亲人都没有。

当时我知道村干部里边有一个叫郑老疙瘩，那个时候我估计他也就四十多岁，留着一个山羊胡，见面一看这个路条，就叫我小顽固。拿着长杆大烟袋打我脑门，一下打个大包还挺疼的。我也不能滋声，说了半天。他们都知道我父亲的把兄弟叫张赓礼，也是我的第一任启蒙老师。他们让我到我干大伯张赓礼家去住，这样我就到了张家。他那个时候就升任了校长，他早就入了党。他养一个外甥是他姐姐的儿子叫小和尚，这个人的学名叫运新泉。我们俩小时候经常一块玩，小和尚长年在他舅舅家，也是个干活的，一见面都认识。在张赓礼家，我就把这三块大洋拿出来了，我得在人家吃饭。给三块钱路费，你不拿出来也不合适。把钱就给了张赓礼他们，他们还是比较高兴的。

饭我是能吃饱，跟小和尚一块干活、挑水，他比我年纪大，个也比我高，能挑水，我跟着也得学挑水，学干活。我当时没想到这是暂栖身，不知道将来到底怎么样，前途如何一点不知道。

我当时根本不觉得，事后我分析，人家也觉得我带这三块钱吃人家好长时间了，人家是不是也想撵我走。撵我又撵不走，我只能住在张赓礼二伯父家。大白庄老杨家的人多了，但当时跟我沾亲沾故的一个也没有，远房的当家子，近房的当家子基本上都是地主，谁能接待我？就只有张赓礼家是穷人翻身。张赓礼的父亲叫张万友，我叫他干爷。他对我挺好的，这个人非常善良，那个时候他还在。我只能依靠他们，小和尚和我是发小，还是不错的，但是后来就发生了一件莫名其妙的事，使我的命运又发生了改变。

命运的黑锅

有一天我跟小和尚到离村比较远的地方去打草，等到晚上回来的时候，村干部就找我，就是郑老疙瘩，他那阵可能是村长。进门又拿大烟袋照我脑袋上打了一下子，说你个小顽固，反了你了。我不知道出了什么事，他说你白天是不是燎荒去了？我说我不知道什么叫燎荒。他说燎荒就是放火烧草，你把草烧完了以后，那个草灰不就是肥吗？我说我这都不懂，他噼里啪啦就打我几个嘴巴，然后说你个小顽固，告诉你，大白庄子不要你，你明天就得走。我问我去哪，我在我二大伯这住，我上哪去？他说你二大伯不能再要你，你必须离开大白庄。你一把火把八路军在这打的干树枝子烧了，那是存下来的柴草，你都给烧了，八路军要跟你算账。我当时就挺害怕，他们也没让我去看烧树枝的现场，我就信了他说的话。因为我和小和尚在那烧饽饽吃，烧完了以后我们把火就都灭了。因为我俩人一块，要是说放火，那是我们俩人一块放，哪有我一个人放火，我一个人连火种都没有，小和尚有打火的火石、火镰，我没有。这样第二天我就必须得要走了。现场我也不敢去看，我也不知道是不是把树枝都烧了。我回来问小和尚，咱们俩惹祸了，他说他不知道，没烧树枝。很久以后我才想明白，这就说明有人想撵我走。村干部给帮忙，想撵我走的是张家的人。张赓礼他不会干这种事，他是有文化的人，我想就是二娘把钱给留下了，人撵走了，我估计就是这样。这件事是我终生的遗憾。有一次多长顺跟我说，肃反时多长顺曾去大白庄调查烧树枝问题，因为是我听郑老疙瘩说我烧了八路军生产的树枝，我认为这是一种罪，肃反我就"交代"了，多长顺外调，仍然是郑家掌权，就坐实了子虚乌有的"问题"。当时多长顺问村干部，郑老疙瘩人已经死了，问其他干部，没有人知道有烧树枝的事。如果有，你烧了八路军的树枝，还能让你走吗？这件事害了我一生，直到文革后才弄清根本无有此事。可是这第一口黑锅背上，你就有了历史污点，就是一生命运的黑锅，各种黑锅接踵而来，这是遗害我终生的事件。这真是我人生被背上的第一口黑锅，也是决定我一生命运的黑锅，从此我就事事不顺，等于是十二岁就上了人生的黑名单。

张赓礼家非常了解我们家，让我去尔庄子，上我二姑家。因为尔庄子二姑家大表兄李小峰，他经常去大白庄，在大白庄很有影响的，那个时候他又在大唐庄，从我们村顺着河堤往南走，大概十里地，就是大唐庄，也是个镇，一个在青龙湾的河东，尔王庄在青龙湾的河西，相距八里地。我们庄离大唐庄往南走是十里地，尔王庄到大唐庄由西往东走，也是七八里地，我表兄李小峰在那还有一定的影响力，郑老疙瘩他们也不好过分。

这样他们就把我从大白庄驱逐出来了。我在国民党那的一身衣服，我一直还穿着，一身棉衣服就是救命的。那时已经是春天了，我离开张家走了，那三块钱也就留在了张家。

　　我兴冲冲的回到了大白庄，那是生我长我的土地，是我落叶生根的地方。但是不幸的是，没有两个月，吃的人家不高兴了，人家又说我，让我又离开了大白庄。而且还招来一生一世的不白之冤。这一次离开大白庄，就很长的时间，再回到大白庄就已经是面目全非了。

　　从 1947 年春天到 1949 年春天，两年的时间，我成了有父母的社会孤儿。这期间我以一个儿童的身体，承受了童工、童农、童兵的重压。几次闯过阎王的关口，给杨家、给父母、当然也给我的子女们留存了生生不息的火种。

第二章 自我成长

再当农民

到尔王庄二姑家是非常狼狈，当时还穿着一身国民党的棉军装。到了二姑家，二姑也感到挺诧异。在我的印象中二姑对我们家的人还都是很体贴的，二姑的娘家在大白庄子，我祖母是她继母。她有时候也来大白庄赶集，我跟二姑在我们家一起住过。二姑比我祖母大概小不了多少，两个人的年龄差不太多，但是她也得管我祖母叫妈，那个时候老理就是这样，不叫妈那是忤逆。二姑对我们家都好，尤其对我爸爸好，我爸爸就跟他晚辈一样，她的大儿子李玉坤，还比我父亲大个四五岁，我父亲跟二姑就跟晚辈一样。她对我爸爸提起来都是赞美的，疼也是真疼。我突然到二姑家，我穿那身衣服让她感到诧异，她没想到我会突然到她们家去住。

我到二姑家发现玉坤大表兄不在家里住，他住在学校里，住在大唐庄子，有的时候回家一趟，住一宿，有的时候连一宿都没住，就又回大唐庄去。大表兄的媳妇就是大表嫂，这个人对我不亲切。因为她是一家的主妇，一切生活吃用等等全是她做主。二姑家里边有两个儿子就是大表兄二表兄李玉坤、李玉朴，下边还有四个表姐。大表姐可能是夭折，早死了。二表姐叫李玉香，我到尔王庄的时候，听说她就是合作社的干部，住在廊坊，离尔王庄也就是四五十里地，偶尔回到尔王庄。二表姐夫我没见过，后来听说她们离婚了。二表姐带着一个孩子过日子。三表姐叫李玉文，长得比较瘦，她的长相跟我二姑差不多，二表姐和四表姐她们的长相可能是随我的二姑父。二姑父去世的时候我出席过丧礼，他家里边停着个大棺材，写着他的名字，我都看见过。三表姐长的苗条，脸庞随我二姑，三表姐对我特别好，总是让我吃这吃那，无微不至的嘘寒问暖。四表姐叫李玉玲，胖胖乎乎的，她比我大个三四岁的样子。

二姑这一家对我还是挺好的，但是表嫂不愿意跟我多说话，总让我去干活。总之我住下了，冲着二姑的面子，我能住下，就成了二姑家的长工。为什么叫长工？所有的活都是我干，地里的活我都会干，因为我在外祖父那就学了一点农活，包括耪地，什么姿势我都学过，所以到二姑家这个活就是我干。以前二姑家有一个长工叫孙长义，他经常赶车，拉着二姑到大白庄到我们家去，有时候他也赶着车到我们家送东西或者取东西，孙长义跟我们家的关系还比较实实在在。那时孙长义已经不在二姑家当长工了。土改以前他是长工头，管着好几个长工，他虽然不在那当长工了，但是二姑家还跟他有走动。二姑家养着一辆小驴车，车是铁轴的，我也会套这个车，房后边就是一片园子，园子就是菜地，园子上种东西。可能就是我没去二姑家的时候，长义给种上了，就由我来浇水除草，我来经悠。

二姑家里还有十几亩地，分在两、三处，我还得赶着小驴车到那去锄地。家里所有的事，我就相当于一个成年人在那做。天气越来越热了，我是春风杨柳之时到的尔王庄。时间随着日月穿梭，我这一身黄棉军装穿不得了，太热了。当时我还是尽量克服一切困难，我硬是把衣服自己拆了，把所有的缝线全拿针把它拨开，拨开以后就把衣服拆了，拆完了把棉花取出来，按着原缝我再拿针线一针一针地再把它缝上，这两件衣服都是我自己改造的，我表嫂没有管一点，表姐她们也没管，我也没有请她们当指导。

我表嫂下边还有两个儿子，还有一个大女儿。大女儿后来也到北京了，她叫李洪镇，那是我大表兄跟表嫂的大女儿，李洪镇比我小两岁，她得管我叫表叔。我在尔王庄的时候，她跟我就没有多少话，她跟她妈走得很近，她小名叫小云子，有的时候吃饭，因为吃多吃少，弄得不太愉快。总之我对小云子、对表嫂感觉不亲近。洪镇这两个弟弟，我现在记不大清他们的名字了。长得虎头虎脑的随我表兄，这俩孩子跟我还不错，挺好的。

我自己把衣服里边的棉花拆下来，我又按着原样一针一针的把它撩上。我要改衣服还要干活，比如浇园子、打水，拿戽斗在井上一斗一斗的踩水，这活我都会。就是阴天下雨的时候，我借着这个工夫拆一件缝一件。

有一个"笑话"，想起来就难过。有一次二姑有急事，非常急的事，急到什么程度？就是必须让我赶紧到大唐庄子。尔王庄子过了河，从河西到河东到大唐庄子。大唐庄子是一个有中学的大镇子，二姑让我给表兄送去一封信。是三表姐写的信，让我给送去。我找到学校，跟人们一打听李玉坤，学校里的人就纳闷，我当时穿着一身黄军装，不但是黄军装，那阵棉花还没拆，人家一看你这不是伪军的衣服吗？你找李玉坤？说李玉坤是你啥人？我说是我表兄，这一下听到的人都是特别哗然，哄哄的笑，说我们校长怎么有这么个表弟，还是小顽军，人们非常的不屑。等到我表兄出大门来见我，一见是我，他满脸的不高兴，非常的不高兴！我们老家的话就是李瑞环的口音，你干啥来了？谁让你来的？对我非常的凶。我说二姑让我来的，让我给你送一封信来。我把信给他了，他就没有让我在这吃顿饭，或者是喝点水，他说你就赶紧走吧，立刻就把我打发走了。

我到表兄那是八里地，我再返回去又是八里地，你怎么也得让我歇会。这件事在几十年以后，我表兄有了机会跟我促膝长谈。我们两个人睡在一间屋子，一个小土炕上，我跟他很自然的提起来，我说你还记得大唐庄的事吗？他说他记得，他一直后悔。这是以后的事了。

那个时候我感到非常的不公平，我心里边也是非常憋屈，我回尔王庄没有多久，我表兄就回家了，他冲我二姑狠狠地发了一顿脾气，我二姑也不敢滋声。他说我二姑不懂事，家里那么多妹妹，谁去给送个信不行，为什么让我给送信，把他校长的人都给丢尽了。这件事情在我记忆里边是非常深刻的。那阵玉朴也回到尔王庄了，但是他不在家里住，他教书，住在学校里。

在尔王庄这一段，我任劳任怨的给家里干活，干农活，干地里的活。家务活不让我干。我跟这几个表姐处的挺好，玉玲不大愿意跟我说话，二表姐三表姐跟我处的关系还是挺好的，关系不太好的只是我表嫂和洪镇。我没有跟大表兄在家里吃过一次饭。

时间荏苒，没有多久，又到了秋季。宝坻县是十年九涝，有点雨就成水灾，尔王庄是个洼，尔王庄的洼小一点，黄庄也是个洼，洼最大，从西到东越往东水越深。我们家在青龙湾也是个洼，这三个镇都是洼地，这一次一下大雨，所有的庄稼全涝了，整个的没有收成了。有的庄稼有粒了，象玉米还可以砍回来吃，有的连粒还没壮就倒了，那就没有办法了。这是命运的挑战。因为下雨成灾颗粒无收，蚕豆是收了，长义种的，我给经悠的全收了，其它的就没有收。到大秋了，那时候八、九月份了，没有收成了怎么办？二姑一家子人也发愁，她们也得花钱买粮食度灾。二姑就很不客气的跟我说，小粮(乳名)，你找五姑去吧，他们天津的人有个活钱，找五姑找你奶奶去吧，我这就没办法了。

那个时候我就把一身棉装拆了以后变成一身夹衣服，特别热了，我又拆了一次，等我走的时候一身黄单衣服了。我没有办法就从尔王庄一路又走到堤头，东堤头西堤头宜兴埠，然后到北仓。进了小王庄，又到了河东区。这次到天津连干粮也没带，靠在沿路讨点饭吃。要过饭吗？要过。要过一顿，遇到善人了，给我两个棒子面的饽饽，我吃了，喝了一瓢凉水，接着就继续走。这次是我自己走，没有人赶车，就跟从黄庄到天津那次有人赶车，我跟着人家的车，虽然我不坐车，有人给我引路。这次是我自己走，一边问路一边走，一路向西，从尔庄子大概是五、六十里地，就到了天津。这一次没有别的办法，我母亲已经改嫁了，我不能再找她去了，我唯一的办法就是死活得上五姑家。

二闯天津卫

我从尔王庄到天津，我以前从大白庄、从黄庄都去过天津。以前跟着我妈也曾经常住在天津，后来还在天津当过石匠，送过油条，扛过码头。那是1947年春天，这次是1949年秋天。天下了大雨，庄稼绝收，二姑就打发我到天津找五姑。

见到五姑她又是感到惊讶。因为我毕竟是长大了，长高了，穿着一身不得体的衣服。因为祖母在她家，我找五姑还找祖母，她们又感到很突然。那个时候没有电话，书信也不方便，所以她们不知道我是怎么来的。

我到了以后，五姑、五姑父、表奶奶还有祖母，他们也感到很突然，我跟他们说了离开天津去北京的过程和由天津又去大白庄和尔王庄的经过，五姑才知道我怎么到的北京，知道三姑、三姑父又怎么让我到的静海，给人家连长的媳妇看孩子，然后又到天津，从天津被送到了蓟县，又到宝坻，又到大白庄，到尔王庄。当时，表奶奶（就是五姑的婆婆）表示同情，说你来了就来了，现在我给你找个事干，表奶奶说给我找个事干。她找了挺大的一块旧白布，给我缝了一个口袋，就是装面粉那样的口袋，说这边有好几个小孩都到东客站（就是东车站)拣煤核。东客站那边有火车上煤上水的地方，那边货车来了以后，要把炉清一清，清炉的灰全是在东站的货场或者是东站加水的地方。当时表奶奶找了她熟悉的小孩，就带着我一起拣煤核(音胡)去了。

"双拣"

我到五姑家没有待一天，第二天我拿着口袋就到了东客站。由东车站再往西又到六号门，往东走到唐家口子，都是沿着铁路走，找货车站。所谓煤核就是从火车的锅炉里边散下的炉灰，有没烧透的煤，也叫煤茧，很好烧。实际上就是一种小块的焦炭，点炉子搁上一块玉米核，点着了以后把玉米核搁底下，再把煤核放上边，火一会就上来了。煤茧是很好用的廉价燃料。

一开始拣的煤茧是给五姑她们家里用，后来越拣越多，卖给小摊烙大饼的，还有饭馆。一口袋煤核卖给他，他也不称，说多少钱就是多少钱，你同意了，他给你钱你就走。这段时间我就是挑大梁的角色了。五姑还有表奶奶，她们都让我把这个钱交给我祖母。我祖母可能是平生第二次掌财权，第一次就是我爷死了以后，父亲还小她只能管家，后来娶了我妈，我妈管家。这一次是我拣煤核挣了钱就交给她，我和祖母就独立生活了。我把钱交给祖母，等我需要钱我再找她要，要钱去买棒子面，就是玉米面。买回来把棒子面交给五姑，就着五姑家的锅蒸出窝头来，有的时候吃人家一点菜，有的时候就是我们自己买点咸菜，腌的咸菜或者是韭菜花，我开始养家糊口了，我们祖孙俩就过日子了。

我祖母从他们两间半的北房搬出来，住到那四平米的小木屋里边，我也过去，我祖母住里边，我住外边，我们祖孙俩就相依为命了。这个时候表奶奶让我认识了一些同龄的孩子，这些同龄人实际上比我年纪要大一点，他们也都住在河东，表奶奶之所以让我去拣煤核，给我一个口袋，就是认识这些人，把我介绍给这些人，跟着一起去拣煤核，这些人拣煤核，拣完以后这儿卖那儿卖能挣点钱。我很快就认识了好多小朋友，其中给我印象最深的一个叫小羊子，一个叫二羊子，是哥俩。他们俩是拣煤核里边的头，就是小把头，谁要到那去检，他们得同意，否则的话他们就会武力对待。我当时说话是宝坻县的口音，一口的高粱馇子味。这个口音跟天津口音合不上茬，听着别扭，所以我还得改口音。我很快就改了，不改口音人家欺负你。这哥俩欺负我，我也都认了，但我这个人的性格是不受人欺负的。我在大白庄的时候就打了两场大架，第一场就是我们老杨家的杨钟桥，他比我个大一点，也不是很大，每一次我们俩一起玩，他总要占上风，欺负我。他一而再再而三占我便宜，我急了，反抗了，我一反抗我才知道我的力气比他大，一下就把他打服了。打服了以后他奶奶就不干了。钟桥他爸爸在唐山工作，不在宝坻，他奶奶带着他，我把他打坏了，他奶奶出来干预。因为我祖母和我妈，她们人缘还都是不错的，这个事儿就算了结了，从此杨钟桥就服了我了（我有一段打听到杨钟桥也在唐山工作，那是三十年以前了）。

第二场就是跟李江打架，李江是大白庄子的杂姓。这个人个比我高，手也比我大，有点痴傻呆捏，比他壮的大孩子都欺负他，他欺负小的孩子。有一次我们在大庙，大庙周围是一圈河，河里边套着坑，坑连着河。我们都在河里洗澡，我们大家还可以摸鱼。河里边都有鱼，我向他身上溅水，他过来就把我压在水里了，按着脑袋灌我的水。我急了，我就突然反抗，我一反抗才知道我比他的力气大，因为我小时候就吃的多，身大力不亏。我一反抗我把它压在水底下了，当时周围的小伙伴把他给拉起来了，不然非出大事不可。那一次我就把他给打服了。我在大白庄子就打这么两次大的架，从此小朋友们谁也不惹我，我也不惹人家。

羊子哥俩有的时候收拾我，大羊的年纪肯定比我大，他就总找茬。我当时还是说宝坻县的口音，他总是欺负我，我就反抗，就拿出来我们家乡大白庄子的偏劲，第一次我们俩人打一个平手，他就有点怵了。起初他动手我都是不还手，后来他总是挑衅，我们俩人一开战，势均力敌，他个比我略微要高一点，年纪比我大四五岁，我们俩就打到了铁道线上，打起来以后我得势了，我就把它压到铁轨和枕木之间，这个时候一列火车来了，我就真急了，我也没想到要躲，是他不行了，他要躲，他说快走，就说好话，叫哥哥。这个时候我才撒了手，我们俩人跳出来，火车就到了，是一次非常的冒险，我那个时候年纪小，没有念多少书，所以脾气也比较暴。小羊子是头，我们这一群孩子里他当王，我这回把王给打败了。在铁道底下我就豁出去了，他说好话，我这才躲了，周围的孩子们一看火车来了，谁也不敢往那去，我们俩人最后是躲开了，如果再有几秒钟，我估计命丧黄泉了，就没有今天的我了。这样把小羊子打服了，我在那一群人里边就没有任何人再敢欺负我了。

那个时候拣煤茧，拣煤核也不是都很能够得手，不得手的时候就没有多大的收入，因为我得养着祖母，虽然我那个时候十一二岁。

正在日子不怎么顺利的时候，我父亲突然到了天津。我从小就和父亲不亲近，我惧怕他。他一定是跟五姑写过信，知道我在天津。他这次来就是要接我跟他去唐山。他原来在傅作义的队伍里当文书，他跟傅长官起义了，父亲没有参加第四野战军。他凭着跟我四姑的关系，找到了四姑父。四姑父这时当了河北省的高级干部，他安排父亲到唐山教书。父亲这次从天津把我带到唐山让我上学。在唐山我不能和四姑及她的孩子相容，待了几天我就不辞而别。一分钱也没有，硬是从唐山又回了天津。到天津以后，拣煤茧不行了，表奶奶又给我找了一个新工作——拣茅烂。拣茅烂是什么呢？拣茅烂就是用一个筐，拿一个竹子绑一个针，把茅厕里的纸拣到筐里，然后卖到纸场里，这个比拣煤茧收入略微高一点。这样我就沦落到社会的最底层，享用不堪忍受的日子。那个时候也有消息，我妈又到我祖母那去，知道我的下落了。我妈就无论如何要让我到她那去，说你别在这儿受苦受罪了，她那多少有个饭吃。在这种情况下，我虽然是不愿意她受我舅舅的篡当，跟我父亲离婚，又重新嫁一个人，我是坚决反对的，可是我妈毕竟是我妈，母子之情还是有的。

拣茅烂也是挺困难的，拣茅烂时我感慨最深、记忆犹新的，是你不能光是大白天的拣，大白天人人都去拣，没有多少，晚上夜间才能多拣。你就得看看哪个地方有，你就得到哪去拣，拣完了晚上给送去，有时我就离鸿新巷很远的地方去拣，我就得睡在收烂纸、收茅房纸的厂家。没有床，就睡在擦过粪便的茅烂纸堆里边。

由于有这种苦，我妈叫我上她那去，我就去了。我妈说你也别在家待着，我给你一点小本钱，弄一个扁担，弄两个筐，到菜市里边买青菜，然后回来挑着担子走街串巷再去卖。有时候能挣点钱，有时候生意就不太好。我就跟我妈说，让我干点别的事吧。正好我妈对过的那一家是一个瞽目的刘先生，也就是盲人，他让我给他领路，是因为他每天要出去算命。算命本来是拿着马杆就行了，可以不带人，为了给我找点职业，带着我走。这样我给他当马杆，领着他走。他有一大群客户，他算命仅仅是一个手段，更主要的是通过算命给别人看病。看完了以后，他就去中药铺，他说方子，配成药，有的时候配成丸药，有的时候就是草药，再给人家送去，人家再给钱，他这样收入就很不低。我跟他一出去就是一整天，他管饭。这样，我先是做小买卖，后来又给人家牵马杆，也就是稀里糊涂过了一段日子。我跟我妈还有瞽目的刘先生，不知道为点不顺心的事情，我不能在我妈这待了。可能是因为我妹妹，那个时候我妹妹已经从宝坻黄庄来到了天津，我的外祖父、外祖母也到了天津，跟我舅舅、舅妈，还有我舅舅家的表妹、表弟他们在一起住，我妹妹跟着我妈一起住，还有我妈后找的一个老伴，他们住在一起。我去时那么点的小屋住四个人，实在是不方便，有时就跟我妹妹有一些矛盾，我就又出走。当然我妈又不放心我。

从尔王庄又到天津之后我的经历分两个阶段。第一个阶段就是拣煤茧。表奶奶给一个口袋去拣煤茧，我通过拣煤茧能够挣一点钱，买棒子面。有的时候拣多了，还可以多挣点钱，有的时候我还买一块大饼，加上一点猪头肉。热热乎乎地揣在怀里，紧走慢走，拿到五姑家给祖母。祖母从来没吃过这么好的东西，就是在五姑家吃饭，都是在一个桌角上，不跟人家家人在一起吃，五姑给腾出一个角来，在一个角上吃。我祖母的营养也不是很好，精神也不是那么充足。为了孝敬祖母，买了猪头肉大饼我不吃，我一点也不吃，全给祖母吃，祖母是非常高兴的。五姑还有表奶奶也表扬我孝顺，我当然心里就更高兴。

这一个阶段是拣煤茧，下一个阶段就是拣茅烂。后来不拣煤茧是因为我爸爸到天津了。他是要接我去唐山跟他去上学，当然他也看我祖母，给我祖母留下点钱，给五姑也留下点钱。

我跟父亲之间没有感情，我们之间没有语言，没有交流。回忆往事：在我小的时候，有一次我犯上牛脾气，非要干一件什么事情，我父亲很不高兴，对我不能容忍了，他把腰间的皮带抽下来，拿皮带就抽我，他还用带着铁环的那边抽，铁环那边是有别针的，就把我身上打破了，这个时候我妈就不干了，跟他不依不饶，拉着他让我跑。我硬是不跑，我就使劲地哭。最终是祖母看不过去了，把我爸爸拉走了，这是我至今难忘的这么一件事情。反过来讲我对孩子们也是暴脾气，悦农我打过，悦农可能也会记得一生。那天我把他带到医务室，到我的办公室。那个时候他刚得了肝炎，是我带着他看，没留下后遗症。他很淘气，我就打了他一巴掌，打的可能是很重，从台阶上就摔倒了，那阵他刚两三岁，我带着他到现场去上班，当时张德禄和同事们就狠狠的批评了我。这件事至今我也没有忘，悦农估计也没有忘。第二个就是小宇，小宇非常淘气，我就罚她在门口站着，一站站了好几个小时，她就是不服软，也是挺犟的，也不哭。那一次我也是重重的打了她一巴掌，小宇到现在我估计也还是记着。我对其他的孩子基本上没有打过，就是说一说，虚涵、虚鸿、虚杰基本都是这样。这两个孩子我打过，我现在回过头来，我父亲打我的这一次，我是一生难忘，这两个孩子对我恐怕也是一生难忘。

父亲这次到天津，实际上就是从唐山来接我跟他去上学。当时我父亲跟我没有正面说过什么话，说也就是一两句，那是跟五姑、跟祖母他们说话我听到的。那时天津北京都解放了，北京解放的时候我父亲就跟着傅作义的部队参加和平起义了。起义以后，他就没有在新的部队里留下，没有参军，他就找我四姑父去了。在傅作义的部队参加和平起义，这也不能不说是光荣的历史。经过批准，他到唐山找我四姑父。前边跟大家说过，我四姑父在我们家避过难，在我们家炕洞里边逃过了当时政府的追捕或者是日本人的追捕。解放以后，他在河北省任职，当时就在河北省唐山专署工作，他就跟刘青山、张子善他们在一起打交道，官位要比刘、张低一些。后来不知道是谁跟我讲的，四姑父参与了对刘青山、张子善案件的调查工作，四姑父从来没跟我说过这件事情，有可能是我父亲跟我讲的。父亲到了唐山，四姑父给他安排的是在唐山教书。

这次他到天津一是看看我的祖母，看看五姑，更主要的他有我这个儿子。他要把我带到唐山，在四姑家寄养，然后他想办法让我读书。可是父亲把我带到唐山，我由憧憬读书变成了十分沮丧。

我跟父亲到了唐山。因为我的性格是不能忍受委屈的，我那个时候很小，十二三岁，住在四姑家。四姑家有两个儿子，一个叫羊群，一个叫二羊，两个儿子跟我没有任何高兴可讲。四姑父在我面前从来没有笑脸，而且我见到他的时候不多，他大部分时间全是在机关里。一次他回到家了，见到我也不说话。他在我们家蹲地洞的时候，我还在襁褓之中。我在四姑家每天让我干活。捡柴火、秸秆，捡回家烧火用。有的时候羊群和二羊有什么事让我管一管。我精神上很不愉快，因为我父亲把我带去以后，他也不住在那，他住在学校，跟我也见不着面，我在那就待了十来天。四姑跟我也没有话说，两个表弟跟我也没话可说。四姑父我偶然能见一面，我父亲一直就没有上四姑家去。在这种情势下我就想，还是回天津。我有过一次这样的经验体会，曾经拉着一个军人的衣襟，免票就进了车站，上了火车到了北京。这一次我要由唐山到天津，光靠走也不行，我就想了一个办法。我在火车站边找边问，知道哪个车是开到天津的，我看好了就在火车头旁边，等车要开的时候，我就上到了火车头，上了火车头上边的锅炉箱，有一个横的铁柜，那个地方是接炉渣的。因为我总拣煤核，我知道这个结构。我在开车之前，用别人没发现的一种方式，我就上了火车头锅炉下边储炉灰的铁柜。火车开了一段时间，要加煤，清理炉渣，我没法站在炉渣槽里边，我必须得下来。火车司机发现了，问我怎么在这儿，我说我没有钱买车票，我想去天津。司机就强行驱逐我下车。车开走了，我没法再搭车了。没有办法，我就顺着铁路往天津的方向走。我那个时候是个十几岁的孩子，没有干粮，没有水，天也黑了也不能行走。走到一个地方很晚了，见到铁路工人还在那干活，这时候我就跟他们讲，我说我要上天津，我没有钱买火车票，我也没有饭吃，你们能不能让我吃点饭？工人们还是有同情心的，他们就让我在那吃饭，还让我喝水。我在他们这吃饭，我觉得比在唐山在四姑家吃饭香多了，而且也有人跟我说话。他们当头的人就想办法给我送到天津，他们当晚商量了让我住下。第二天有一种叫巡道车，巡道车就是两个人，一个人往下压，一个人往上举，挺快的，这种车没有动能，完全靠人力压，靠铁轨的滚动加速，我上来以后，到前边赶上一辆火车，轧道车师傅让我上了火车，到了天津大直沽。这又是一段惊险的旅行。

现在我又回到了五姑家，这就是我二下天津卫的第二次从业，也是"双拣"中的第二拣，就是拣茅烂。拣煤茧的小孩散了，我也不去找他们了。表奶奶又找院前院后的其他孩子，让我跟他们一起拣茅烂。要说一下什么叫拣茅烂。茅就是茅房，天津人管厕所就叫茅房。烂就是烂纸。拣茅烂就是拣厕所里边的大便纸。天津对茅烂的发音叫"毛兰"。就是拣厕所的便纸。我找了一个筐，做了一个钩针，就开始干活了，这样又结识了一群新的朋友。拣煤核的临时职业就算断档了，拣茅烂也是很辛苦的，因为都是跟厕所打交道。现在北京厕所里的便纸同时就消化了。那个时候的天津，这个纸还要再生，我拣了以后交给废纸厂，废纸厂经过整理打成四四方方硬包，然后卖给造纸厂，他们能挣很多的钱。废纸厂掌柜的也很同情我们这群孩子，也很照顾我，有的时候晚了他们就让我住下，不回祖母那儿去。

拣这种纸是很不卫生的，在这个时候也有一个插曲。表奶奶他们家是鸿新巷 23 号，他们家斜对过，叫鸿新巷二巷。表奶奶好交际，跟一个姓侯的老太太总聊天，他们知道我跟祖母住在一起，地方太窄，只有三四平米的地方，我们祖孙俩住一起，翻身都很难。表奶奶跟姓侯的这家女主人聊天，然后就把我带到姓侯的家去。姓侯的家自己有一个院子，他们家三口人，姓侯的老夫妻二人，还有一个女儿，三口人一个院子，有两间房子，院子好多地方都是空着，自己独门独院。我去了侯家，表奶奶就让我管侯家的两口叫干妈和干爹。我这个人挺腼腆，是自己的家人我叫，不是自己家人从来不叫，人家看我脾气挺古怪的。因为他们家没有男孩子，就让我住在他们家了，在他们家就可以吃饭睡觉了。我挣的钱给他们家留点，给我祖母一点。当时这个干妈就说了，说他女儿叫二凤（后来我知道她叫侯淑珍），让我管她叫二姐。干爹这个人挺和善的，五大三粗，好像是一个做脚行拉排子车的，干娘是打"印子"的，有点零钱全积起来，现在叫互助会。我不是长期在人家吃饭，晚上有的时候赶上在人家吃顿饭，还给人家点钱，后来老两口就说你跟二凤你们俩再长大几岁就结婚。二凤好象不是他们亲生，是抱养的。这两个老人的年纪都比较大了，都比我五姑年级大，叫我跟二凤两人结婚实际上就那么一说。我从来不跟人家的家里人一起睡，我自己有个小铺，我在那儿睡。就把话都说明了，我管二凤叫二姐，这样就比较明确了，不用再睡烂纸堆里了，烂纸堆是非常脏的。这样我又回到祖母身边。在侯家，我白天到五姑家跟祖母一块吃饭，晚上有的时候到侯家偶尔吃一顿。

　　因为和妹妹发小脾气，离家出走，又去拣茅烂，时间一长母亲肯定是想儿子。这么长时间从隆懋洋行炸馃子被郭掌柜赶走就没有再见过母亲，后来由天津被五姑赶到北京，又由北京被三姑轰到了静海，由静海又进天津，都没找过我妈。由天津又被"四野"给弄到宝坻、蓟县，然后又回到天津。我妈都根本不知道。好容易她找到了我，我也跟她去了，由于跟妹妹闹小脾气又出走，又去五姑家拣茅烂。她毕竟是想儿子的，有一天她找到了五姑，五姑也是想减轻负担，就说他一会就回来了，也可能在侯家呢，你上侯家找，让表奶奶带着，结果到侯家一找，我没在，我妈问侯家，侯家说他现在是我们的干儿子，就住我们这儿了，等宽裕了，就给他们办婚事。我妈就不干了，她说我要带走我的儿子。就在那等，最后等着我，我一看见我妈我也掉下眼泪了，虽然我心挺硬，但是见着亲妈了，也掉眼泪了。后来我妈就劝说，让我到她家里再看一看，左说右说我就跟着我妈又到了她的家，她还是住在谦德庄连荣里。那个时候我妹妹已经从黄庄跟着外祖母和外祖父到了天津，后来妹妹找到了母亲，我们也见了面。我舅舅家住在徽州道良支里，他们家有一大堆孩子了，舅舅舅妈还有四个孩子，老大叫慕云，生出来的时候我还抱过她，其他的表弟表妹我都没见过。我这次过去以后我妈就不让我走了，她当时也给人家做点临时的工作，我妹妹上学了。

第三章 进入体制

回到母亲身边

我妈坚决不让我再拣茅栏，坚决不让。就想办法给我找事情，院里还认识了一个叫张杰的人，他的夫人是北洋纱厂的挡车工，夫妻有两个孩子，跟我们一样住那么点的一个小房子。张杰这人很畅快，言谈举止让我非常崇敬。他帮助我找这个事找那个事。我还是可以做小买卖，有的时候还跟着人家葚点东西回来。有一天张杰凭他关系给我找了个事儿。

当时天津招小工，他让我跟他去，他说跟他们办事的人是好朋友。那个地方叫调配处，在徽州道，你到那去登记一下。我那个时候长得不是瘦小枯干，身体发育的还可以，面相也可以。人家一看就说个矮点，问我多大了，我多说了一两岁，冲着张杰的面子就给我登上记了，登上记以后，说给你分配工作时我们告诉张伯伯。

徽州道那个地方是河西区，一两天就让我过去，调配处已经积攒了一批人，十几二十几个人了，带着铺盖和被窝褥子打个行李，一干活就不能回家了。我正式参加工作的那一天是 1952 年 7 月 1 日，我还不到十五岁。人家带着我们十几个人由河西区走到了河东区、河北区交界的地方，那个地方叫王串场。这样我就算参加工作了。王串场是一个大建筑现场，要盖几百上千栋平房，平房都是草房，拿砖砌，砌完了以后上苇薄的顶子，然后抹上泥巴，还要铺上油粘，里边抹上一层白灰就可以住了。

当了工人

参加工作以后我是比较活跃的，心情特别好。因为我的年龄是最小的，人家让我到俱乐部，除了干活以外，业余时间到俱乐部给人们服务。工人们有的时候到俱乐部去玩，去拿着胡弦唱一唱，我给做服务。当时跟我联系最密切的就是两个人，一个叫王宝树，比我大一点，一个叫张连生。这两个人跟我都是俱乐部的积极分子。我白天的工作还是很紧张的，我的工作是挑泥斗，挑泥斗给师傅供灰。挑砖，一次挑二十四块，一边十二块。挑小泥斗，就是抹墙的泥，还要拿手涂泥、和灰、搬砖。我这个时候手全裂了，所有的手上全是裂口，干活的时候不疼，只要一回去吃完饭，晚上真是疼的要命，两个手没有一点好的地方。在那个地方我们生活极大的改善了，没有窝头，没有棒子面了，吃馒头，我一次可以吃7个馒头，跟成年人的饭量差不多，有点咸菜，有点炒土豆，炒圆白菜，但是我很愉快，虽然身体很痛苦但精神很愉快。

在那个地方我遇到了一个当时的著名人物，叫傅鸿宾。天津日报还有天津电台总广播他，他是劳动模范，他是工人班长，他带着一伙人搞砌砖垒大墙。他发明了铺灰器，双手挤三顺一，就是我们把泥送到铺灰器上，往前一拉，工人就不用拿瓦刀了，拿两块砖，用双手一挤，把这泥一挤就挤到缝上。三顺一就是三层顺着垒，一层是横着垒，这在力学结构上就很好了。傅鸿宾当时就已经是很红的劳模了，我的第一个师傅是武清县的马聋子马师傅。不久，我就可以学徒了，就跟着马师傅学习砌砖背里。就是他砌外檐，我跟着他砌里边。什么是背里呢，外墙必须是干干净净的，里墙可以凹凸不平。背里都是用砖头这一类的材料。马老头就不服傅鸿宾，垒砖要有小线，小线是管横平竖直的，这是规矩。他一急了把小线拿瓦刀给剁了，不用小线一样好看，而且比傅鸿宾还快。马聋子就硬是战胜了傅鸿宾。傅用铺灰器，双手挤，三顺一，不如马师傅不挂小线干得快干得好。

我们那个时候的现场主任叫苏学勤，还有一个姓孟的，也是主任。一个管技术，一个管行政。苏学勤在 30 多年以后成了我的同事，并且给我公司当了总工程师。我当华大公司经理的时候他进入华大公司给我当总工师。三十年以前苏学勤就是天，我那个时候就是地，后来我们成了同事，这也算是一个因果笑谈。在王串场我成长起来了，尽管我吃了很多的苦，但是我的心情是欢乐的。我在俱乐部服务，为大家干活我很愉快，有一群年轻的朋友。

到了 11 月、12 月天气就很凉了，当时我们这些人还是临时工，虽然参加了俱乐部，但是毕竟还是临时工，到那个时候活干不了了，就得要休息了。休息的时候伙食就改了，三顿饭就得改成两顿饭。正在这个重要时刻，要停工还没停，改成两顿饭的时候，突然有一个机遇。当时有一个指导员姓韩，叫韩指导员。那时的工地有一部分人是从国民党统治时期的警察转业的，国民党统治时期当警察的，新的社会就不用了，得让他有饭吃，让他转业。他们大部分都进入建筑业，还有市政行业，修路的修房子的，比较艰苦，不需要技术。韩指导员就是警察转业的，他可能是比较进步，是指导员，他看中了我了，派人找我。那时我参加了冬训班，冬季培训班。我们就在冬训班里边一天两顿饭。韩指导员派人找我，跟我谈话，问我姓名、住址、家庭人口，问完了以后说："我派你个任务，你必须得勇敢才行，你勇敢吗"？我当然说我勇敢。既然勇敢，我派你个任务，你去煤矿挖煤，你去不去？我说我去。你真去吗？我说我真去。你真去，我就给你一个登记表，你填。我那时写字还不行，写不了什么，他说你要写不了让别人给你填，我把表交给张连生，他们有点知识的人给我填。那叫干部登记表。我就是一个建筑工人，从小工升到学徒工，担任了点社会职务，很活跃，因此人家韩指导员看上我了，还考察了我一下，让我上煤矿我没说不去，我说去，是真心话。这就给我一张干部登记表。填完了我给送去，我等了一下，当时就有一个白白胖胖年纪比较大的人，再一次跟我谈话。谈完了就在干部登记表上签了一个字，我估计他要签字就是同意的意思。

当了干部

我当时不怎么认字，后来人家告诉我这个人叫赵进刚，几十年后跟我交往也非常深了。他当时是人事科的科长，登表的机构叫天津市建筑工程公司，赵进刚是天津市建筑工程公司人事科的科长，他签了字，我就由工人变成了干部，这是命运的转变。变成干部以后，这个韩指导员就跟我说，你先到医务室去工作，让你干什么，他们会告诉你的，你要好好干，不要犯错误。这样我就一步一步地由无业人员变成了有业人员，由建筑工地的临时工变成了长期工，由长期工又变成了干部。国家的体制就是这样，工人是主人，但是归干部管，干部算给工人服务，实际上是管工人的。

我到了医务室之后，第一个就认识了我终生的老师，也是整我整得最凶的一个人，他跟我父亲同岁，比我大 16 岁，叫蔺伯如。几十年后他就一再的总是跟我表示对不起，可是我一直尊称蔺是我的老师。我从心理上也认为他是我的老师，他用种种的手段整我治我把我弄到了精神分裂的边缘，这些事情我全部都不往心里去，烟消云散。

现在这位老师早已经作古了，他家跟我家住的不远，都在朝阳区，以后有机会再说他的情况。韩指导员以后跟我就再也没见过面，是他把我推荐成干部的，这是我的恩人，以后跟我就再也没有见过面，很是遗憾!赵进刚后来是我的领导，不但是我的领导还是很支持我的人，他成了北京第三建筑公司主管政治工作的副经理。后来又当了建工疗养院的院长、党委书记，以后又当了建工医院的一把手。蔺伯如蔺大夫，他是永清县的人，我们几十年同事，直到他去世。我几十年跟他学技术跟他学做人，他退休以后，我开拓了一个新的事业，他就到我这儿来做，也还是以我老师的身份做我的工作人员。

　　从调配处登记到去王串场当小工是非常艰苦的。当壮工、小工，挑泥挑砖，拿手砌砖，也没有手套，手整个全裂了，就跟血麻花一样，每天晚上疼得要命，手就不像是人手，就像动物的爪子一样太粗糙了，太难看了。但是我终于又遇到了贵人，遇到了机遇。当了党的干部就是真正进入了国家的体制。

　　我被分到医务所，蔺大夫是负责人，我和几个人都在蔺大夫指导下工作。我当时就是打杂搞卫生。这时发生了一件大事，1953年3月斯大林去世了。斯大林去世震动很大，全社会都震动，我那个医务所还设有临时住院的床位，由于斯大林去世，当时就有两个女干部，青年团的书记，一个叫王庆龄，一个叫邢玉珍。这两个女的由于哭斯大林，哭得过于伤心，晕倒了，休克了。到医务所抢救住院。

　　因为她们是团支部书记，到医务所住院了，我护理她们，就认识的这两个人，她们跟我也挺好，还提到了入团的事。当时我对这个事情不怎么在意。这两个人在这儿住了一段时间，还没有等到我跟她们进一步熟悉的时候，有一个医务所的刘所长过来了，就把我从蔺大夫的手下，调到了一个老中医刘少臣那儿给他当徒弟，每天给他打水扫地伺候他。刘少臣完全是中医，不懂得西医，我就跟着他学徒。因此就跟王、邢二人不联系了。

　　不久又来了一个人跟我同岁，此人姓陈，叫陈礼茂，是河北深泽县人，跟我同年纪。他是党员，十六岁就是党员。我们两个人一起给刘少臣大夫服务，我们就进入了建筑公司的卫生所(后来叫卫生科)。后来又陆续来了许多大夫护士，那是以后的事。

在医务所我们工作到三、四月份，公司就分立了。我一进入的时候是天津市建筑工程公司，全天津市就是一个建筑公司，到了四月份分立了，从天津建筑公司分出来一个天津市第二建筑工程公司，办公地点就在天津市长春道16号，在海河边上。我们医务人员全都到那儿去工作了。

天津建筑公司那时候好像是在马场道，建工局在解放路。离天津市政府不远。调到长春道以后，卫生科就明确了科长叫刘长春，卫生所长叫杨盛春，全是军队干部转业。还有几个大夫，当时有曲光琢、李紫辰、张铭和蔺伯如、刘少臣他们都是同级别的，这些人都是我们的老师。

我到了长春道16号，大约一两个月的时间见到了公司的经理，叫高蓝亨。留着日本胡，比较气派。我在那儿工作了大概一两个月的时间，然后就从卫生所分下去了，蔺伯如带着我一起到佟楼工作，佟楼是一个大工地。我就特别精心敬业的学习，蔺也指导我，还教我学英文，接着又调去一个人，姓董名忠义，这个人大高个，年纪比较大了，大概有三十岁了，他是从公安军也叫治安军转业下来的，转业下来安排到建筑公司，他可能在治安军当过卫生员还是护士，然后就分到第二建筑公司，就分到我们西南楼的佟楼工地。蔺是大夫，董是护士，我专门管药，叫司药。

我不回家，长年住在工地里。有一次夜间下大雨，人们都回家了。工棚不防雨，我怕把药弄湿了，我拿着自己盖的被子把药挡上了，把漏雨的地方想办法堵了堵，我一身都湿了。由于我的保护药没有受损失，但是我的衣被都湿了，身上也都湿了。第二天大家上班的时候，别的屋子都有一些损失，药房没有损失，结果还得了一个表扬，这是我参加建筑公司工作以后第一次受到表扬，我当然是很高兴了。

忠诚老实学习

我在佟楼工地工作了六七个月，一到冬天没有施工任务，到冬天就休息，又不能工作了，这是在 1953 年。作为干部要参加冬训学习，后来又引申为忠诚老实学习，要主动交待家族和个人问题。我参加冬训，地点是在三义庄，徽州道这一带，是几排平房，所有的干部全到那去冬训。冬训的时候要自己说自己的身世、历史。全公司的医务人员都集中在那，其他的干部分系统，都在那学习。学习的时候，我提出一个问题，为什么不解放香港？领导也说不清楚。我就给天津日报写信，报社找我，说这个事要听毛主席的。在当时引起学习人员的强烈反响。学习完了以后，第二年开春就开始动员所有的工地干部必须调到石家庄去工作。那时建制叫施工队，跟着施工队一起走，施工队整个建制有财务股、行政股、工程股等等，一开始叫组，后来叫股，大家就必须都得去石家庄。我作为一个干部，就必须要去，不愿意的你就得辞职。董忠义就不跟着我们一起去，他自己找地方还是留到天津了，剩下的我们就都到了石家庄。

到石家庄是 1954 年，冬训以后就过去了。到了石家庄就叫天津第二建筑公司第四施工队，有七八百人的样子，连工人带干部。从天津调去的干部工人也有一百多人。我到石家庄，一开始住在西岗头，给华北军区建立营房。那时候有了党支部，有了行政队长，还有技术队长，一起去天津的年轻人不少，我是最小的一个。1954 年我那时十七岁，我参加工作是十五岁。到了石家庄完全是集体生活，我那时没有什么文化，完全是靠自学。当时我有几个非常好的青年伙伴，有的到现在还和我走动，有一位不久前去世了，年长我八九岁，是武清县的人，叫庞继萱，是我的半个老师一个良友。我这一生当中受到庞继萱的教诲指导是不少的。还有一个多长顺，现在跟我还有来往，大我三四岁，他当时是武装警察，是有枪有军装的，他是保护建筑工地和建筑材料的，后来他成了政工干部，有了领导职务。我们相处很愉快。

我平生好学，蔺大夫教我学英文，还唱英文歌曲，庞继萱组织读书会，我们当时男男女女不到二十岁的一群人，庞继萱那阵已经二十四五了，这是一个非常愉快的集体。我遇到的一个最重要的事情，是参加忠诚老实学习，要交代自己的问题，重点就是解放前当过警察的人。这些人后来全部都转业到建筑公司，这些人都要检查自己，群众要追问他们。有一天有一个炊事员叫谢宝聚，早晨起来有个食堂的人往医务室跑，说你们快来，老谢上吊了。蔺大夫带着我就跑到了现场，当我们到那儿的时候已经有人把谢宝聚从吊绳摘下来了，当时蔺大夫就指导我们给他做人工呼吸，但是已经不行了，已经死了。我们还是把他送到了医院，这是我做医务工作遇到的第一例死亡病例。谢宝聚是旧警察，由于思想压力过大，寻了短见。那个时候运动已经是很热烈了，比较紧张了。运动过去以后，大家心情轻松了，正常工作了。在那个时候从西岗头往西走是一条大公路，不是水泥路，是石子路，可以走汽车挺宽的，可以通到娘子关。我们那个时候是没有休息日的，大礼拜都没有，天天工作。下雨了才可以休息。有时候放假，五一、国庆放个一两天的假，我就和大家一起，当时好像有一个很简单的军营汽车，我们就去了娘子关，当天去，很晚才回来，没住在那，这是我第一次旅游。在那时一个重大事件就是抢救谢宝聚，这是对我震动比较大的事儿。

1954 年底到 1955 年，冬训学习就不集中了，全在自己的工地里边，因为你干不了活了，一天你该吃饭吃饭，该休息休息，有的时候还放过冬假。没有带着家眷来的，冬天给点假，那阵不叫探亲假，叫冬假。我们是不能放冬假的，干部都不放冬假，有的干部把自己的家属带来了，庞继萱他就把他的夫人带去了，张同生是团支部书记，也把他的家人带去了。他们的夫人去了还享受职工的待遇，在我们这看病，是不花钱的。

大概是 1955 年初，工地就由西岗头搬到了东岗头，穿了
整个一个石家庄市，从新华书店到解放桥、解放路、火车站，
再穿过去到大兴纱厂，到郊区就到了东岗头。东岗头仍然是
建设这个部队的营房。华北军区这支部队，它东边有营房，
西边有营房，我们去就是建营房的。营房里边还加上点工厂，
他们也有加工业务。

反胡风和肃反运动

到 1955 年春夏之间，中央发起了反胡风运动。那时我已
经养成看书的好习惯，我天天自学。我订阅了许多刊物，有
一天随着文艺报(文艺报是一本杂志)下发了一大本白皮材料，
是胡风的三十万言书，当时被定为反党集团的资料，其中胡
风给党中央写的三十万言书，是和批判和揭发阿垅的材料一
起发的。那个时候反胡风运动好象晴天霹雳一样起来了，反
胡风运动跟企业没有什么关系，但是干部得学习，这个时候
我就开始受到劫难了。反胡风运动之前我参加读书会，读书
会是办公室的秘书庞继萱组织的，到了东岗头以后，办公室
又增加了一个主任，办公室主任叫赵许，他文化程度更高一
些。他把读书会从庞继萱那里接管过来。庞继萱是赵许的下
属，是他的工作人员。赵许没来之前，办公室主任是张春敬，
后来他调回天津了。赵许跟我们读书会就一起学习了好多胡
风和他的好朋友阿垅的著作。阿垅的一本书叫《诗是什么》，
赵许给我们讲，还让我们买。阿垅的论述里边也讲到了胡风，
没有反胡风运动的时候，我们都是踏踏实实的听赵许的讲演。

反胡风运动一来，阿垅一被揭发出来，赵许就首当其冲了。赵许就挨整了，赵许是读书会的主任，我们都是他的学生，所以我们大家都挨整了。我对反胡风运动就是不同意的，人家别人都跟着走不说什么跟上级不一致的话，我就总是站在赵许原来的立场上，总要替胡风辨理。这下就麻烦了，就认为我有问题，当时赵许都作检讨了。吹捧胡风的始作俑者是赵许，可运动却把我当成重点了。当成重点的原因蔺大夫起了很大的作用，因为我好读书，有些事情我跟蔺大夫有一点较真，他说的话我不全听，他就非常不高兴。当然我不服党支部的领导这才是主要原因。

蔺那时和王淑超已经结婚了。蔺的第一任夫人叫徐景桂，是天津恒大卷烟厂医务室的大夫，徐景桂跟蔺离婚了，离婚以后蔺又娶了王淑超，王淑超也是离婚以后跟蔺伯如结的婚，我那时对王淑超也是不服气，这当然就导致蔺伯如对我就不客气了，就整我。他给保卫股股长王道杰提供材料，给支部书记卢金驹提供材料天天整我，让我交代到底上天津去过没有？阿垅是天津人，是天津文艺研究所的所长，赵许是阿垅的学生，结果运动把赵许放过去了，让赵许天天只写材料，不被批斗，却让我天天在会上交代问题遭批斗。这时我非常悲观了，对我批斗了一大段时间，形成了非常激烈的斗争会。那个时候领导要是想整谁，谁都得服从，不能对抗领导。当时让庞继萱写交待问题的材料，也让赵许写材料，只有我在会上挨批斗，我成了胡风分子。可能也是有指标，到了几个月以后，那阵开会不脱产，白天干活，晚上批斗。就是白天你干活，晚上开会整你。蔺伯如就站在了整我最积极的一面。有一段我跟蔺伯如的矛盾非常大，我干什么他都不高兴，那时又有一个工作人员叫杨锡臣，跟我一样是从工人里边提拔出来的。杨锡臣对蔺伯如百依百顺，当然我就成了蔺的眼中钉。有一段时间我头疼剧烈，自己愤怒得总想喊，蔺伯如一看不好，他怕我得了精神病，赶紧就拉着我到石家庄人民医院去看病，到石家庄人民医院给我喝了药回来就睡觉，几天后得到恢复。但是一反胡风运动，我成了对象，跟蔺伯如整我比起来还要轻多了。

到了九、十月份，天气凉了，可能也是想找一个指标。我们第四施工队的干部一百多人，工人上千，没有一个被抓起来的，就我一个人被抓起来了。把我的行李送到了中共石家庄市委工业学习分办公室，到那去集中。全施工队一百多干部，我是年纪最小的一个，我成了胡风分子，就到市委集中学习，失去自由了。每天必须盘腿坐那反省，然后开会让你发言，谈这谈那，有的时候还找个别谈话，有的外调员过来找你了解情况。每天让你写材料，一写就上千字，还不许重复写，你必须得写新材料，他们有专人去比对，看看你哪个地方有漏洞，在那折腾了一两个月。一看我不是他们想象的那么回事，对我就逐步放松了。工业学习分办公室都是党员领导干部在那当头。其中有一个姓王的，世界上的事情真是太冤家路窄了，正好是王淑超的哥哥，就是蔺伯如夫人的哥哥管我的专案。这个人还比较主持正义，跟我谈过几次话，就认为我不象他们报告的那么反动，后来对我就松了一点，就自己可以读书了。

后来我在那有书读，自己可以买书，也可以借。凡是到学习办公室去的人，第一有历史问题，第二有现行问题，这两种人到那去基本上都是五六十岁的人，三十多岁的人就那么几个，我是十几岁的人，就是由于蔺伯如给我造材料，又加上我不服，跟赵许跟庞继萱关系又紧密，而且我一直不认为胡风坏（我读过鲁迅不少著作，鲁迅把胡风当学生，对胡很重视。我对鲁迅至今全是正面评价，而且是最高评价）。也没批判过他，因为我也不认为他坏。这样整我整到了1955年的年底，从九、十月份到年底，领导说我应该可以回单位了。不知道有一个什么茬，张俊福那时当了工作人员到工业学习办公室去，跟我谈话，谈完了应该领我回单位，但是没领我回去他又走了，这样我就在那待到了春天，又多待了好几个月。最后学委跟我谈话，有个谈话记录，让我签字，让我摁手印。然后带着我回到了单位，我回到单位的时候，蔺大夫已经不在了，蔺大夫还有王淑超、杨锡臣，他们都已经调到北京了。那个时候天津第二建筑公司第四施工队是住石家庄的，现在石家庄的工程任务结束了，要调到北京去。

后来我在石家庄又多待了几个月，到了1956年的4月份，我从市委工业学习分办公室回到了东岗头，拿上我的行李跟张俊福一起从石家庄到了北京的新单位。到了中央气象局，民族学院的斜对过。民族学院在马路的西边，气象台在它的东边，隔着一条马路。

1956 年 4 月底，五一劳动节之前，我由石家庄到了北京，我的新一段历史就将掀开新的篇章。

1952 年到 1956 年，这四年多的时间，我的工作单位是天津市建筑工程公司和天津市第二建筑工程公司，在天津市建筑工程公司工作大约不到一年，然后天津公司一分为二，成立一个第一建筑公司，成立一个第二建筑公司。我在天津市第二建筑工程公司这个阶段工作了四年。这四年是我正式进入体制的第一阶段，这个阶段是在天津和石家庄度过的。在我正式参加工作之前，我在社会上奔波，靠自己的微薄之力养活自己。从 1947 年到 1952 年五年左右的时间，这是完全靠自己奔波谋生的阶段，是有父母的流浪儿童。直到 1952 年进入体制，进入天津市建筑公司。

现在该说到进入体制的第二阶段，从天津第二建筑公司到北京市第三建筑工程公司。我在 1956 年 4 月末到北京，到北京之前，我经历了一段人生的洗礼，什么洗礼？我曾经经历过的反胡风运动，也就是后来的肃反运动。反胡风运动是我人生受到的洗礼，是比较严重的一次也是第一次。一开始叫反胡风运动，到 1955 年后半季就改成了肃反运动，肃清胡风分子及一切反革命分子，肃反就是肃清反革命，把反胡风列入了肃反，而且我在天津二建第四施工队里边是唯一一个肃反的重点，当时单位有一千多人，重点要整的对象是四个，最大最重的是我，那时我才十八岁。其次有一个叫李元丰的，李元丰是财务干部，山东人，这个人很有正义感，跟我的关系很好，他是烟台人，跟孙德恒是老乡，说话山东口音特别重，他是被批斗仅次于我的一个人。第三个就是赵许，他从来没有被批斗过，让他个别写交待材料。我后来知道赵许是一个起义的军人，国民党的军人，解放云南的时候，他的部队起义了，他就享受起义人员的待遇。他在旧军人的部队里担任少尉，后来他比较进步，由云南辗转到天津，他参加了阿垅的天津文艺讲习所，成为阿垅的学生。赵许是我们这施工队一千多人里边，他是被整的第三号人物。第四号就是庞继萱，赵许是办公室主任，庞继萱是办公室秘书，做实际工作的就是庞继萱，拟稿、公文、往来文件，都是庞继萱负责，他人很聪明，他是扎扎实实的高中毕业。高中毕业以后在杨村，他家就是杨村人，当了当地政府的警察，解放以后他也跟着所有的警察一样，集体转业到了天津建筑公司，由于他有文化，他不是一般的警员，那个时候高中毕业就了不起了，所以他对我一生的影响比较深。

回过头来讲，那一次的肃反运动，张俊福是财务股的一个出纳员，却是肃反的积极分子。每天开批斗会，我没到工业学习分办公室之前，是在施工队，每天开批斗会都是他主持，矛头都是对着我的，有时候我压不住火，当场就骂他，在会场上就骂他。我骂了他以后，又引起了很多人的愤怒。他后来当肃反的专业工作人员，他就是第四施工队跟石家庄市委工业学习分办公室联络员，所以最终工业学习分办公室给我做结论开始很严重，最终轻轻放下，没有什么实质问题。因为我跟胡风没有组织联系，我也仅仅是发感想，是开会的时候讲的话。所以那个时候我认为还是实事求是的，虽然这个运动本身就不是实事求是，但是这个学习办公室机构对我这件事情上是实事求是的，我已经不是反革命，也没有罪过，零结论。后来有一篇通知给我念了，我一听是今后要加强学习，靠拢党团组织，就是这么个结论。张俊福当时对这个结论不满意，一怒之下就走了。他本来是想给我一个有问题的结论接我走的，因为这个空结论他不同意，没接我他就回去了，又磨蹭了好长时间，最终在压力之下把我接走了，这个结论最终也没有让我签字，原来按手印的结论都撤销了。所以说这一场肃反运动反胡风运动，我就是天然的倒霉者。我终于回到了北京，跟蔺伯如大夫又见了面。那个时候他们已经接了好几个工程，我去的时候已经有四五个工作人员都在蔺伯如的领导下工作。我回来以后，组织肯定已经跟他说了，他原来对我态度是很恶劣的，肃反的时候他也是跟着一块起哄，喊口号整我。这次回来他态度改变了，老远的就冲我笑，态度是根本的转变了。

我到了气象局那个地方就叫医务所了，名称还是天津二建四工区，医务室里边已经有了四五个人，光是部队转业的就有四个，其中有一个后来跟我是生死之交，一直到他去世跟我一直交往不断。这一个人叫邓振歧，我家里的人都知道他叫邓大夫。过了五一之后，就宣布北京市第三建筑工程公司和天津市第二建筑工程公司，两个公司合并，合并以后的名称就叫北京市第三建筑工程公司。我的历史道路，就从天津进入到北京这个时空阶段了。

我在第三建筑工程公司工作了二十八年，我一生总共工作大概是七十五年。从1947年到1952年7月1日，这五年是童工、童农、童兵人生最艰苦的阶段。从1952年7月1日到2022年7月1日，整七十年了。七十年当中有近三十年是在三建渡过的，比重很大了。北京三建把天津二建兼并了以后，北京三建是一、二、三工区，天津二建是四、五工区，天津二建还有一部分人又回了天津。总之石家庄的，我们叫第四施工队，松林店，高碑店叫第五施工队。一、二、三施工队肯定还在天津二建，我们就是天津二建的一个下属分支，天津二建的两个分支和三建合并被三建吸收。

我在北京三建第一段，是1956年到1957年。当时邓振岐跟我同事，他年长我五岁，他家是老北京人，因为母亲去世父亲娶了继母。他父亲又早亡，继母把他带大的。跟继母的关系不是很好，但是他这个人还是守规矩的，对继母还是尊重的，虽然他有牢骚话，但是在继母面前却不敢越雷池一步。

我跟他在一起工作受益匪浅，我不如他了解北京，他给我讲了好多人生的课，我的思想从进入体制以后一直是紧跟共产党的，虽然我挨了整也从来没有怨言。邓是在北京参加了傅作义的军队第四野战军和平解放北平的时候，他就参了军南下，跟四野到南方几年，他就转业回了北京。回了北京因为是转业兵，可能他在部队也当过卫生员，就到了医务室。我们两个人非常抱团，我们的友谊也就与日俱增。他那个时候要结婚，他继母没有力量给他操办，他就找我，我比他小五岁，他也没有找蔺大夫，让我给操办这件事，他媳妇是清河八家的人，也跟我见了面，我就在我们的医务室给他筹办了婚礼，组织了客人，一起吃了饭，一起举行了典礼仪式，我是司仪，大操大办十分风光。所以我们的友谊是非常牢固的。

他的夫人张世贵和我家也渊源甚长，他的三个孩子跟我们家的孩子也都如兄弟姐妹。到 1956 年 10 月 1 日的时候，邓和我又一起参加了天安门的游行，我们三建公司的一部分职工在天安门广场承担任务，因为我们比较年轻，在广场就摆字，摆字就是两束花，一个深颜色的，一个浅颜色的，指挥一吹哨你举深色的，再一吹哨你举浅色的。摆完字以后大家欢呼高兴，一拥而上，跑到天安门城楼前面。那个时候就看见了毛主席，还有那些诸多的领导人，当然毛主席的形象大家都知道了。他喊人民万岁，我们也喊毛主席万岁，那时我不到二十岁。跟毛面对面，他在城楼上，我们在城楼下，相距只有一百多米。

整风反右和下放

到 1957 年的 7、8 月份，公司建制就调整了。建制调整以后，我们工区和北京三建的两个工区合并，这样我们医务室就拆了，我调到了公司综合加工厂，就在五道口。蔺调到了当时的第五建筑公司，其他的人各有安排。

在建制调整之前，有几件大事。一个是我结了婚，我父亲到了北京，通过我祖母、我五姑知道我在建筑公司，也知道我调到了北京，他就来到北京找到了我，说了说往事，最终就跟我说他有个学生，他说我看她挺好的，想给你介绍当对象。当时我没有答应，那个时候我跟我妈是联在一起的。在铁道学院工地，跟乔文成、潘祖旺我们三个人在一起。父亲跟我说了对象之事，我没往心里去，我还要跟母亲说一下，听母亲的意见。那时我还没有想到要结婚，没有很急迫的愿望。虽然我给邓振岐筹备了婚礼。

正在这个时候发生一件事情。我到我二爷家的二伯父家里去，他当时住在中关村的平房宿舍，当时二伯父、二伯母、二姐、二姐夫、三姐、我大弟弟小轴子、二弟弟小二，就是钟信和钟义，全在一起住。住的是单元房，是平房的单元房。我到二伯家以后，二姐不在家，她在北京大学校医院住院，当时人瘦得跟一把柴禾一样，我看她去，那个病诊断也不是很肯定，一开始说是肠炎，后来又说是肠系膜淋巴结核，确定不下来。在这种情况下我自告奋勇，二姐夫也想给她找一个好的大夫看一下。当时最好的医院就是中苏友好医院，我也想各种办法，最终争取她到北京友谊医院去会一次诊，当时必须有中文和俄文的资料，正好我二姐是北京大学东语系的党支部书记，她病了，但是她书记的职务还在，我通过她这个身份跟二姐夫任利泰同北京大学校医院联系，最终我联系北京大学校医院给写的中文的病历摘要，利泰又把它译成俄文，一切都跟中苏友好医院联系好了。跟北京大学官方联系是任力泰做，跟中苏友好医院联系是我做。我就把本职的工作撂了很长一段时间，我也没有请假，跟两个同事小潘和老乔他俩说一下。但是没有不漏风的墙，因为跟我二姐这边就把时间耽误的比较多，等她会诊以后，苏联医院的专家给她做了检查，确了诊。让她住西四羊肉胡同的结核病医院，这样我就踏实了，同时也埋下了祸根。

可是没想到这个时候我跟人事股的股长贡世才两个人闹翻了。他说我是旷工，因为我是归四工区管，四工区的人事股长管所有的干部，他跟我谈说我是旷工，让我写检查，我根本就看不起他，所以我跟他说话非常的强硬，这样伤了他的自尊心，他就要开除我。他毕竟是人事股长，当时的支部副书记卢金驹、书记宋连希、工区主任是魏国璋，宋连希同意贡世才的意见开除我，魏国璋不同意。魏国璋说你家里有事去办事，回来要写个证明。支部书记没有魏国璋的影响力大，可是我也得给人家台阶下。魏国璋又让我写个检查，或者写个经过。正在这时我父亲给我写了一封信，说你来玉田一趟，我的学生你跟她见个面，你们俩定下来就赶紧结婚。这样我为了躲避贡世才这件事，我就再请假。我拿着我父亲写的这封信再请假，就找到魏主任。魏说结婚是大事，就同意了。贡世才他官大一级压死人，那个时候人事股股长不算个事，真管事的还是工区主任和副主任，所以我请假就走了。

到了玉田，我当时就想，怎么我也得把贡世才这个难关渡过去。当时我跟父亲的学生田文秀就见了面，我也不是非常的一见钟情，但是我看人是挺好的，这个时候我就想结了婚，我再回去我也好说，我也结了婚了，以前的事就不是个事了，这样就把我跟贡世才的这场争端用结婚的大事解决了。

结婚以后很快我就把我祖母从天津接到了北京。结婚以后我又到玉田把媳妇接回来，回来以后就在气象学校对过租了一间八面漏风的土房，城砖盖的房。我们三口人全在漏风的房子里边住。是在人家一个看坟的家庭里边租的房，那个地方是一大片柏树林子，跟齐白石的墓离着不太远，隔壁就是中央民族学院，再往前面走，就是万寿寺。

七月份宣布四工区合并了，合并以后我调到五道口加工厂，我家住在民族学院边上，我到五道口加工厂去上班，我就不能够天天回家，就得住在工地了。那个时候也没有礼拜，反正是能闲下来才回来。我到了五道口加工厂以后，正好毛主席发动大鸣大放，号召党外人士给党提意见，我热爱党，一切都得听党的安排，所以我就踊跃的提意见。我刚到加工厂不了解情况，那个时候我虽然在反胡风和肃反被整了一下，但我没有对共产党有什么意见，就是对当局领导层有意见，大鸣大放就是给领导提意见。我够不着中央领导，也够不着公司的领导，只能够得到加工厂的领导，够上原来四工区的领导。你对四工区的领导有意见,可以有固定格式的小纸条,写完了以后就可以转到合并的工区里边去。而我们在这发表意见,都是写大字报。当时我还是挺积极的发表意见。我记得我当时写的一篇大字报叫《威哉宇也》,很吸引大家的眼球,干部们也都愿意看。我在那儿很快就结交了一群新朋友。当时领导我的是孙景浩,我们一个医务室两个人,他比我先去的,他领导我。我服从他领导,但是工作能力他确实不行,不管是专业的还是非专业的能力确实不行。那个时候我在医疗工作上是很自信的,也受大家赞赏。所以我那大字报在墙上一贴,威哉宇也,宇就是我们的厂长叫石化宇。

那时我认识另外一个厂长是黄厂长,他是老八路军,在抗战时期参加的工作,是八路军的干部转业在这儿当厂长的。黄厂长我仅跟他打过招呼,没有深谈过什么,跟石厂长打交道比较多,石化宇是主持工作的厂长。我跟工会是隔壁,工会里边两个人,一个叫荣胜文,一个叫吴信生,很快跟我有了比较深的交情。吴是转业的军人,转业以后就做工会工作。在部队上他是文化教员,做工会工作他是协助荣胜文,荣胜文是工会主席。我们之间很快就越来谈的越多了,吴比我年长十几岁,跟我父亲的年龄差不多,他懂得旧体诗词,我那时也好写诗,白话诗旧体诗都写,我写的诗他嗤之以鼻,认为我这不叫诗,没有任何诗的成分,但是他愿意辅导我。

我们俩人越聊越深,他就把他怎么参的军,怎么在铜梁炮兵学校怎么学习,又因为他祖上是丰润的,父辈来了北京,他就转业到北京。他那个文化教员就是干部了，转业转到三建，当工会的干事，我们谈诗谈得最多，也谈点厂里的情况，他一般不多发表意见。他总想辅导我，让我成为一个旧体诗人，他的旧体诗已经集结成册给了我一本，十几年以后他已经退休了，把旧体诗给我，文革以后又修改，我又给他印了五千本，那阵我已经当公司的领导了。我花钱给他印了五千本，我留了十来本，后来都没有了。有一次我跟诗人李树喜谈这件事，他想要一本，我无论如何也找不出来了，在我所有的旧书堆里都没有找到。吴那个诗集叫莲月山房诗集，他好佛学。他的诗中有赞美毛主席的，有给郭沫若写的，郭沫若还给他有回答，郭沫若回答的这个诗的原文，他也给我看了。我给石厂长写大字报也有震动，当时就是干部里边有点知识的人都赞成我，我实际上就是批评石厂长太粗暴，太武断，工作方法不对，其实石厂长是一个真正的知识分子，他是上过大学的。后来黄厂长的弟弟成了我的上级，成了黄金部队的司令。黄厂长后来到我们公司里担任顾问，现在已经去世了。他人是非常好的，终生给八路军干工作，一生都没有入党，是一个抗日战争时期就参加革命的老干部，是非党的干部。他叫黄玉琪，黄金指挥部的主任黄玉珩将军是他弟弟。

　　在加工厂发生一件大事，大概是一天上午九点多钟，突然现场有人跑过来，说有人触电了，在电线杆那儿挂着呢，一触电就失去知觉了，人在电线杆子挂着。孙景浩我们两个人都急忙的往现场跑，跑到现场的时候，他们就有人搭着梯子把这个受伤的人架下来。

我到现场一看就知道问题严重。蔺伯如大夫还是有真才实学的，他教给了我好多东西，触电急救就是他教给我们的。我在三建的医务界能说硬话，自以为当时的自己没有人能超过，原因就是蔺伯如大夫传授我不少真本事。我先去看瞳孔，摸脉搏。瞳孔改变了，脉搏没有，我主张在现场就地做人工呼吸，但是当时的领导不干，说马上拉到医务室，放到床上，这就贻误了抢救时间。后来让孙景浩给海淀医院打电话，海淀医院离五道口不太远。海淀医院来救护车，我这边给他不断的做人工呼吸，嘴对嘴吹，提住两个胳膊按，这样一直作一个小时。海淀医院的急救车来了，一看人已经没有生命指征。但是当时的原则就是死亡了也还必须抢救。他们拉到救护车上，一边在救护车上还继续进行人工呼吸，一边开着车走，我是跟车的，跟到海淀医院，到海淀医院什么生命指征都没有了，就放弃了，要让家属签字。还有厂里的一个领导跟着一起去的，就得领导签个字，领导当时推，然后我就给签了。事后这件事情处理没有什么问题，但是我的领导孙景浩的表现却差强人意。

加工厂下边还有一个分厂，设立在马列学院，也就是现在的中央党校。那时候有一个五道口综合加工厂，分厂也有个医务室，当时的医务室就一个工作人员，是张绍信。张绍信是我诸多朋友当中最仗义的朋友，没有之一。张绍信开会、搞运动、学习都要到总厂来，因为他也是医务干部，同行说话互相都挺亲热的，后来张绍信跟我就结成了终生的非常牢靠的友谊。

七、八月份合并以后，我到了综合加工厂，到10月份大鸣大放，没有抓什么右派，但是对提意见的人上边很明显有不好的印象。因此公司决定十月份要组织一批干部下放支援农业。那个时候三建公司的办公地点在人民大学里边，从公司开始组织干部下放，下放任务到五道口综合加工厂的时候，就有十来个干部，我就是下放的对象之一，还有杨雅旭等十来个人。

我下放了，孙景浩留下了。下放以后队伍混编，混编由一个大队长领导，大队长叫张英杰，是三建公司做政治工作的一个科长。张英杰外号叫张大鼻子，他是中俄混血儿。他组织下放人员到清河去劳动。到了清河以后再分小队。我分配在小营，清河是一个镇，我们的中队部放在永泰庄，永泰庄离小营也就三四公里。在小营有十来个人，都是四五十岁的人，我是最年轻的，还有一个叫郑志刚，管材料的，也是最年轻的。

我们到那儿要参加人家队里边的劳动，跟人家一起出工，就是白给人家尽义务干活，我们的旗号是整队，把农业生产队整顿一下。我在小营劳动的时候，我就把家搬过来了，因为小营离民族学院挺远的，我那个时候连自行车都没有，只有花钱坐公共汽车，我又不能天天回家。这样再经过一次整顿，领导我们的小队长是张春利，我以为张春利跟我是不错的，后来才知道这是一个政治油条。我们从小营又分出几个人来，分到潘庄，是一个大社管的小社。我在小营也交了几个年轻的朋友。后来人分到了潘庄，就是我的家。我们几个人中有两个年纪比较大的一个是张殿荣张胖子，是我们的组长，还有一个叫王宪荣。张春利、张殿荣和王宪荣这三个人全是人前说好话，人后说鬼话的人。到潘庄以后人就比较少了，也是要负责整队，了解当地社员的意见，帮助一起干活。我到了潘庄以后就把家眷接过来，一是我得夫妻在一起，二是我祖母不愿意在北京住了，当时我祖母的户口，我媳妇的户口，我的户口三个人户口都上在了海淀区，但是祖母要求回天津，一个是这太苦，二是太寂寞，不如在五姑家好。在我那，我就挣这俩钱，我估计我祖母吃饭也不高兴，另外我也不在家，孙子媳妇和祖母婆关系怎么样也很难说，所以祖母就走了。祖母一走我的妻子一个人在那个地方也不方便，所以就想办法把坟地漏风的房退了，到潘庄租了张家临街的一间耳房。下放这一段最艰苦的就是冬天。不久领导组织大队人员挖南旱河，南旱河就是太舟坞那个地方。那已经是早春时节，晚上和早晨水上一层冰茬，我们下去得挖泥，那个时候没有任何防护设施，脱了袜子脱了鞋就跳到冰渣里挖河，一锹一锹的挖硬泥往岸上甩，挖一段冰扎得受不了就得上来，上来再跑一跑热乎热乎，后来就喝点小酒抗寒，挺艰苦的。

挖南旱河挖了十几天，就完成了支援农业的任务。在此之前，在冬天的时候，我们到东小口挖河，挖东小口的河终生难忘。小营离东小口不太远，这一下挖到了上大冻，上大冻都不休息。我们到那去每天拿着大钢钎，钢钎有七八十公分长，前边磨的尖，后边打的箍，拿大锤打，把冻土给打下来，一大块一大块的冻土给打下来就跟冰一样。打下来以后搬到上面去，垒成堤坝，下边是河。那叫挖渠，一冬天就是干这个活。我那个时候评上劳动模范，没有奖状，只是口头上奖，因为我比那些个人都年轻，农民社员也跟我一起去挖，但是他们不那么傻。我一天打掉了一大块钢钎，比如说七十公分长打到剩五十公分，那真是叫忠诚于我们的党，忠诚于我们的社会，忘我无私的劳动。到春节休息了，挖河的任务就算完了。我当时还负责做群众工作，拉着一群学生，我比学生也大不了两三岁，1957 年我二十岁，跟他们演话剧、写诗等等。这时我们下放干部叫整社工作队，社员和队长之间时有矛盾发生，我比较支持解放前的老干部妇女主任姜春敏。而张王两人支持队长邓文山，为此张王二人和张春利一起，给我写了黑材料，几十年后清理文革档案我才发现。这是后话。

潘庄到前屯后屯也不太远，一大帮学生跟着我，联系的挺紧密。然后上边就来了命令。农村工作队就是支援农业的，我们那阵叫整社工作队，又说叫支援农业。过了春节来了命令，所有的下放支援农业的干部全体到公司集合。你原来的建制是加工厂的，不去了，加工厂没你这一号了，你是哪个工区的，也没你这一号了。整个就是张英杰张大鼻子是大队长，他是个科级干部，搞政工的。他带着这些队伍一两百人回到公司，到公司新找的房子，我们住在那里，又重新编组，整顿学习。第一阶段先是鸣放，不写大字报了，你可以在会上提意见。我在这边卖弄自己这点有限的知识，写了不少的批评诗。

我那个时候读鲁迅全集还有一段插曲，我在石家庄的时候就读鲁迅的散装书，各种杂文，还有从文艺报上剪下来的鲁迅的文章。后来我就给我三姑家的表兄刘亮写信，让他给我买一套鲁迅全集。我通过我父亲跟他联系上，然后让他给我买一套鲁迅全集。我正好有一次到北京开会，就是医务系统的会，一般的都是蔺大夫去，这次是让我去的。我去了三姑家的宿舍找到了刘亮，那时候他已经是国家计委统计局的干部，听我父亲说他还给李富春当过秘书。三姑跟他们都住在一起，刘亮说你买鲁迅全集干什么？我说我学习，他说你看得懂吗？我说我因为看不懂我才学习的，他就阴阳怪气的揶揄了我一番，所以我从那开始对他就没有表哥的概念了。我觉得这个人说话阴阳怪气，不像表兄的样子，从此我跟他就不再通讯了，也不再给他写信了，书他也没给我买，就是这么一段插曲。这段插曲也说明，血缘之亲抵不过政治分野。

在回到人民大学公司总部整风，先开始提意见，你提完了意见以后开始找目标，大家给你提意见，我还没等到大家给我提意见，我就给别人提了。我那阵写了不少的诗，人们认为我还算有点才，尤其我是模仿鲁迅的文体写的东西比较多。这时好事情来了，还没等人家找我谈话批评我，公司副经理赵进刚就找我了。赵进刚是提拔我当干部时候的签字人，他是人事科的科长。现在赵进刚是三建公司的副经理，是主管人事副经理。赵进刚是老革命，抗日战争时期就参加工作入党了。他给我们开会，他认识我，我也认识他。当时他找了十八个人，组织了一个队伍叫学员，另外找了一个队长，队长也算十八个人里边的成员，这个队长叫李保元，是当时三工区的党总支副书记，他年纪比我大不到十来岁，他是十八人中的带队。赵进刚选我为副领队，李保元是带队的，我们这十八个人就单独学习。

我们这次被选拔去北京市玻璃厂，当时叫建筑业支援地方工业。告诉我们先去报到培训，学习一段简单的外语，然后十八个人到东德，东德的玻璃工业比较发达，现在玻璃厂就是东德人援助建立的，是亚洲最大的工厂。北京玻璃总厂是东德人设计建设的，东德人的设备机器得有人操作，你们十八个人学习东德人的玻璃工业技术，然后回来是厂里的骨干。我们挺高兴的，大家都觉得能出国学习回来当骨干很好。我们很愉快地就到北京玻璃厂，北京玻璃厂就在九龙山大郊亭，老厂址现在改成住宅，我只要到双井那边去，都要从这儿过，有的时候我故意下车走过去，回顾一下那一段历史。

三面红旗和三年困难

1958 年 4 月，我们十八个年轻力壮的人，其中就有张绍信，原来综合加工厂马列学院分厂我的同事，我俩都是十八个人当中的成员，一起去的玻璃厂。我们到玻璃厂报到的第一天，立刻发给一人一个竹竿，上边拴着一个绳，绳上边有一张纸片，去打麻雀。当时是说要除四害，苍蝇、蚊子、老鼠、麻雀，当时我们去打麻雀。李保元跟我们不一样，他是带队的，他不参加劳动，他是管我们的。我们拿着竹杆到了北京玻璃厂的职工宿舍。北京玻璃厂职工宿舍在八王坟，厂区在九龙山，还有两站距离。北京的红星二锅头就是在八王坟烧制的，我们都能闻见它的酒味。我住在一个四层的宿舍楼，都住到那，几个人给一个房间，我们是上下铺。到那以后先到楼顶上，拿着杆子去轰麻雀，让麻雀疲劳，有的麻雀没用打，飞着飞着自己就掉地下了。

我们第一个任务就是打麻雀，打了三天麻雀，正式通知我们到人事科报到，人事科长叫王景瑜，这个人有点阴阳怪气的，后来我们两个人的矛盾很深。报到以后，我们以为是到东德去学习，可是我们去了以后才发现根本没有这一说。你们就是干部下放劳动，我们这十八个人全部都给分配到重体力劳动的地方。我在熔制车间，张家琳是在加工车间，李保元一分配就是干部，他就不下放，他是加工车间的总支书记，他原来在三建就是总支副书记。这十八个人没有去德国学习的这一说，都给分散了。加工车间干比较轻的活，我是熔制车间，我跟张绍信一起在熔制车间，我们拿手推车推料，石英砂还有其他的熔料，推了以后在大炉前面搅，搅完了后往大炉里送，就把这些石头和石英砂都熔成玻璃了，熔成玻璃再把炉口那儿拿空心铁杆去蘸，蘸完了以后再吹制造型，吹成瓶子。吹制的人是会技术的师傅，我们是力工，就是干活的，劳动强度相当大，在高温车间工作每天工作服都是湿的，回宿舍以后就得晾干了，连洗都来不及洗。在那儿干活八小时三班倒，白班，中班、夜班。那是疲劳的没法再疲劳了，我的身体是最好的，也感到挺累，一叫做累，二叫做热，三叫做受气。

　　我们去的这帮干部，人家内部说我们这十八个人都是有问题的，没说我们是右派，就说有右派言行的。李保元是把我们当作劳动改造的人带过去的，他到那还当了总支书记，这内幕真没有弄清楚。张家琳是个女同志，比我大个五六岁，她当时是三建公司二处人事股的干事，她的老上级是三建公司人事科的科长。有人说张家琳是这位老革命的干女儿。张家琳后来跟我们说你们被人家掉包了。人家就是玻璃厂的领导，不让我们去德国，人家自己厂里边说是让本厂的人去德国学习。由三建派年轻的干部，有文化的干部去国外学习，这之前是玻璃厂跟市里说好了的，市领导同意由三建下放干部去德国培训。三建当时也参加了支援地方工业的会议，北京市玻璃厂也都同意了市里的决定，这十八个人是去德国的。等我们到玻璃厂以后，他们就调包了，他们认为这么好的事不能让外人占便宜，必须让自己的亲朋好友去德国学习。为此，玻璃厂另外组织了一拨人，不只是十八个了，可能还要多，去了德国，我们等于替这帮人到那干活去了。

这个情况后来我知道了，我就主动干预这件事，主动成了我们这十八个人的意见领袖，我就带头追究此事。我找了当时的厂长肖央，肖央是参加革命比较早的，当那个厂长必须是有革命经历的，就算中高层干部了，后来他当了四川省的省长，是改革开放后的排头兵人物。我找了肖央厂长，他挺和气，他说你这情况我知道了，我了解了解，然后我再找你。不久肖央出差了，我就没再见着他。后来是一位叫杨森的人和我谈话。杨森是中共中央交通工作部下放的干部，他在中共中央交通工作部是有领导职务的，是领导干部，他也是带着交通工作部的几个下放干部到北京市玻璃厂的，他到北京市玻璃厂担任党委书记。跟他谈的挺不错，他说这个事我不太清楚，肖厂长回来以后再跟你说。我急不可耐，我再找杨森，杨森就让我找当时的党委副书记也是一个老革命，是一个女的老太太叫黎明。这个人的态度非常恶劣。我跟她这一说，她就跟没有公职的家庭妇女一样，说了好多不太符合她身份的话。原来这个人跟人事科的王景瑜，他们是上下级关系。我到玻璃厂一报到的时候，第一个就是王景瑜，我对他就是非常的反感，我就话里话外的讽刺他。所以我到玻璃厂第一站就折戟沉沙，两个对我比较好，比较支持我的人一个正职厂长肖央，一个从中共中央交通工作部派来的下放干部党委书记杨森，他们二位还是不错的。但是这件事儿归黎明主管，这样我们的矛盾就比较深了。我还算是这十八个人的副领队，可是王景瑜根本就不承认我是副领队。尽管如此，我还是能够发动大家，我把这十几个人都组织起来，说明了我知道的情况。我们三建公司来玻璃厂的十八个人是让我们到德国学习的，到这来我们都变成下放劳动改造思想，我们不能够这么忍受下去。除了有一两个人，不表态支持我的意见外，其他人都支持我的意见。我把李保元也找来，我说你得向上反应，你是领队，你得回三建公司去反映这件事，他也答应了，但没有任何行动，这个事情越闹越大。

那一阵子正好朱德到北京市玻璃厂去视察，厂内厂外戒备森严。那天我是夜班，我不在班上，但是工友说了，说朱德委员长到熔制车间看了，还特意的问大家热不热，有没有降温，有没有补充盐分的饮料。朱德视察，工人还照样干活。我受了这个朱德视察的启发，虽然没有见到朱德，但是我知道朱德既然视察了，我们这件事情就应该有着落了。北京玻璃厂骗了我们，我们劳动强度是非常的大，却没有防护用品，我们经常被烫伤。师傅们吹出一个瓶子，成了型以后，我就得拿着托盘快速送到退火炉，退火炉很大也很热，我一瓶一送，否则就诈瓶。我得来回的走，一天八个小时下来，不知道要走多少里路，那是相当疲劳的。一开始我是推熔制石料，后来送瓶子要比送料更累。对这种情况我一直反映到最上层。我给朱德委员长写一封信，反映三建公司跟我们怎么说的，玻璃厂又是怎么做的，这是第一。第二劳动强度很大，这个我们是不怕的，但是没有补充的盐、糖水，就是喝白开水还不足，没有劳动防护，脚上的鞋，还有护腕的布都没有，就是有一身工作服，鞋袜都没有，我们都有人烫伤。我把这些情况就给全国人民代表大会常务委员会朱德委员长写了一封信，没想到那个时候领袖和工人和普通的群众还是心连心的，当时我就想，为什么我这么拥护共产党，就是因为上下级没有隔阂。

我写了信没有多久，厂党委书记杨森派人来找我谈话，除了我以外，还有一个跟我一起劳动的老谢，他是中共中央交通工作部的下放干部，跟我一起劳动，他好像原来是个科长，他跟我一起去杨森的办公室谈话。杨森说你给朱德委员长写的信，朱德委员长收到了，嘱咐工作人员，让跟你说一下。人大常委会派专门工作人员到玻璃厂来了解情况，杨森把我和老谢找过来，老谢没有提意见。杨森原是想听听老谢是怎么看的。因为老谢是中共中央交通工作部的，跟杨森原来就是同事，是杨森的下级，他也想听听下级的意见。我就当着人大常委会干部的面，把我的意见又重新说了一下，言辞还挺慷慨激昂的，然后人家又问问老谢的意见，老谢挺老实，因为他是在他的上级杨森面前说的，他说我有点情绪，但说得都是事实，是没防护，我那个鞋都烫的有窟窿，因为一个玻璃渣掉上就是一团火，我那鞋底子鞋帮都有烫的疤了。谈完了话以后，再过一段杨森就在熔制车间开会，就把改进工作的方法都说了一下。熔制车间那个时候的总支书记是管思，他也是中共中央交通工作部派过来的。管思这个人当时我就觉得他比较左，他跟我谈这些事不苟言笑。看起来他没有按照杨森意见办，他说的话我就不太高兴。我就跟我们这十八个人讲，这十八个人跟我最谈得来的就是张家琳还有张绍信，我把情况一说，这十八个人也肯定大都是支持我的意见，管思工作就不好做。那个时候正是总路线大跃进，人民公社三面红旗迎风招展，我们还有诗歌运动，诗歌运动也是党组织号召的。谁有诗就可以贴在上边，我就写了不少的诗，那阵都是吹牛的诗。"我来了各路的神仙都得让路"，"我一脚能登到天，一脚能登到地"，都是吹牛的诗，那时候我也特别好写这些。在这个阶段，管思就做玻璃厂老人的工作，让这些老人给我提意见，说我写诗写的也不好，号召十八个人在这儿怠工不干活等等。这就形成了两派。管思虽然是交通工作部的，他却没有听杨森的话，跟玻璃厂的那些厂长、车间主任、技术员一块又找了李保元，让李保元不站在我们这十八个人这边，弄得非常乱。乱到这种程度，目的就是想整我了。当时张绍信告诉我，他们整我的材料已经差不多了，说我是北方工人党的领袖，我连听都没听说过这个事。说管思他们正在做这个事，你得防备着点，张绍信跟我说。张绍信我们俩关系不一般，不但是三建加工厂的同事，还是同行，我们还经常一块摔跤。张绍信力气比我大，块头也比我大，他摔跤在朝阳区是拿过冠军的。他也很关照我，他跟我说这些事儿，我一看这种情况不是很有利，我就找张家琳，让张家琳回三建公司反映，三建公司是我们娘家，让三建公司来过问一下这件事。我这边就很急躁，不服，我就还想再找北京市政府或者北京市委，或者再找北京人大常委会。还没等到这个时候，那天我跟景玉海摔跤，因为我比他块头大，他瘦小枯干，我跟他摔跤一般的情况下我都是赢的。这一次不知道怎么了，景玉海一揣把我揣起来了，大背垮是斜着摔，揣是我在他的背后，他在我前边一甩，我的脑袋从他的脑袋上过去，整个一个大十字麻花，把我摔了，这一下摔坏了，因为出手突然，没有防备，起不来了。送天坛医院，腰椎间盘突出，当时就住到天坛医院了，天坛医院是合同医院。住在天坛医院不能动了，腰腿固定在床上做牵引。他们想再整我，我人不在了，但是材料都已经准备好了，我这个人什么时候来，什么时候开会，开会肯定就要斗争我了。

我在那住院期间，张家琳已经跟三建人事科长张健反映了这件事情，张健肯定也得跟赵进刚反映，三建公司跟北京玻璃厂交涉了，又有全国人大在干预，三建公司跟玻璃厂就达成协议，报市里批准，我们这些从三建下放到玻璃厂的人可以调回三建公司。我刚出院，张家琳就告诉我说，咱们还回三建，有不愿意回去的，在北京玻璃厂已经安排职务的可以不回去，安排职务的就是李保元，大概有十几个二十几个人留在玻璃厂了。多长顺是我的好朋友，原来他在三建公司在石家庄的时候当武装警卫，他到玻璃厂当了加工车间的党支部书记，比李保元的总支书记小了一级。王道杰也去了，王道杰是我的对头，在石家庄的时候，他是五人领导小组之一，保卫股的股长。他是老革命了，很早就参加革命了。他到玻璃厂以后担任行政科长，总厂对他的重视度也降低了。王道杰跟多长顺他们是老上下级，所以他们就都留在玻璃厂了，杜家宽、小季也留下了，还有小路。我们这十八个人当中有几个留下了，大部份回到了三建公司。

1959年的九十月份，给我们开了行政介绍信，把工作服交给他们，也没有开欢送会，我们都各自的拿着介绍信回到了三公司。我到人事科报到，张健说我调皮都调出圈去了，张科长跟我说了，你对他们反抗也不是没道理，就是你那个方法太厉害了，回来以后好好干吧。我告诉她我家住在潘庄，住在清河，她让我上二处工作，因为第二工程处就在清河和昌平这一带施工，我到第二工程处报到离家就比较近了，所以给我开了调配单。张家琳也到第二工程处，开始时当人事股的负责人，她从玻璃厂回来一段时间以后，职务得到提升，当了人事股股长。二处在清河，我的家也在清河。后来我被分配的住房也在清河。我到二处报到，张家琳把我分配到北京陶瓷厂工地。到那以后心情也好了，同事们也都比较愉快。

从北京市玻璃厂又回到了北京三建公司，回到三建公司以后，我自己觉得比较成熟了。我接触了一件重要的事。我去公司人事科报到接受分配，报到第一个就见到了老科长张健。她说我是一个大闹将，闹出水平来了。她劝我说，你回来就不要再闹了，回来以后好好工作，咱们都是一家人。你回来要好好学习，好好工作，你还年轻，一定要靠拢组织，一定一定，张科长这是一个叫鼓励，一个叫批评，一个叫期望，这位张老科长对我的期望，使我后来受益良多。

跟张健谈了话以后，我是挺高兴的，我仔细咀嚼张科长的话，让我也感到了以前的不足。终于又回到自己家里了，不被别人歧视了，不被别人打压了。

说说这一年多我家里边的变化。1958年初我到的北京玻璃厂，大概是三四月份打麻雀，然后就进入了一场旷日持久的斗争，现在回来了。当时我在玻璃厂的时候，我家是两口人，我和妻子田文秀，我母亲有时来北京住一段就回天津。我去玻璃厂上班，因为太远了，我家住在清河的潘庄，玻璃厂在九龙山在八王坟，我就必须得住在厂里，每个礼拜日休假可以回来一次。我上班家里就是我妻子田文秀管家。到1958年大跃进，各地都招工，北京来了很多没有经过批准的盲目流入的人口，就叫盲流。这些盲目流入的人口有的遣送回去了，有的就地招工了。这样就形成了北京的人口巨增，需要的就业人员就比较多了。当时我妻子经过考试考入了清河制呢厂，后来叫清河毛纺厂。考上以后就成了每个月拿十六块钱的学徒工，她在细纱车间学挡车，也是比较累的。1958年秋季考上的，到1959年1月，我的第一个孩子女儿杨虚涵，1月17日她出生了，正好在我妻子怀孕挺紧张的时候，我正好在家里，等到她要临产的时候，是夜间两三点钟，她已经自己去不了医院了，我急忙骑上自行车，由潘庄到清河镇医院。在去医院的路上，我不知道是因为寒冷还是因为高兴，从自行车上摔到马路上就晕过去了，过了一会醒过来，我又接着骑上车去清河，请大夫到家里来接生。那个时候我觉得我们社会的光明面还是主要的。虽然1957年反右，1958年大跃进又搞总路线也是折腾大家，但是总的来讲，我对于社会信心满满。接生的大夫非常好，我一请立刻骑上自行车背上包顶着大风在黑夜就跟着我来了，顺利给我接下了一个天使女儿，我和妻子都挺高兴，后来又把我妈从天津接过来照顾我妻子和孩子。

在我妻子有了工作以后，我们搬了家，从潘庄搬到了清河镇，住在张建勋他爸爸家，他爸爸叫"大了"，人很好。我们的生活开始就安顿下来了。我从玻璃厂回来，我一个是高兴，另外也难过。难过什么呢？地里的庄稼全都在那怄着没人收，上边的玉米也没有人掰，地底下的红薯也没有人刨，一场大丰收，变成了一场人祸。看到这惨景使我产生一些想法，有了看法，心里很不舒服，也想跟哪个部门反映。在政治学习的时候我发言说过，粮食无人收，天天喊亩产几万斤，喊人民公社好，等着挨饿吧。

我回来以后很快新朋友群就建立起来了。原来我是从五道口加工厂走的，我从石家庄到北京的时候，在天津二建四队。那一群同事是非常熟了，等我从四工区调出去，调到五道口综合加工厂就没有认识人了，全部都是新的朋友。包括我说的吴信生、荣胜文、杨亚序，还有我们黄厂长，这一群同事等到我们支援农业(我们叫劳动改造)完了以后，就从三建走了，到了玻璃厂。还是三建的十八个人骨干，还有其他的人，我们这十八人的骨干还是摽成团的，离心离德的只有两三个人，就是这么一个小圈子。等从玻璃厂回来到二处，完全是陌生人了，除了张家琳以外，没有几个熟人。我们从天津二建一起去过石家庄的有一个大梁子，挺高的个子，一米八九的样子，在石家庄我们都是一个篮球队的，现在他在二处党总支当干事，其他的人就都是生的面孔。在二工区第二工程段设有医务室，我在那儿工作，很快就认识了不少人。又见到了几个人是在石家庄就跟我在一起的。我说过一个被整的李元丰是财务股的，当时他算是业务尖子，山东人，还有一个也是山东烟台的孙德恒，再有一个就是姓曹叫曹继龙，曹继龙是国民政府大总统曹锟的嫡孙，曹继龙的爱人姓姚，姚是"火神爷"的女儿，因为在天津放火而发了财，是青红帮里边的"火神爷"，名叫姚好成，这都是有名气的人。我在二处二队见到了曹继龙，还有一个冯国璋大总统的孙子叫冯先进，冯先进这个人不是很活跃，曹继龙也不是很活跃，但是他们为人处事我觉得还是挺正派的，人也比较有品味。除了这两个人以外，大梁子是我的准发小，不是一块玩泥长大的，但是也是青年时代结成伙伴的。还有新认识的人，于兆荣工段长，后来他的女儿从北京公安学校毕业以后，到我主持的华大公司当了办公室主任，都是从天津过来的人了。马玉山也是从天津过来的，当时是预算股的股长，我一去工区就跟他熟了。他琴棋书画样样精通，跟我的交往也特别多，他比我年长十来岁，我出黑板报都是他给做指导。最重要的一个关系是赵鹏飞，他是北京建筑工程学校毕业的。后来这个学校由中专升为大学，北京建工学院。他父亲常年在瑞士生活，经常通过同学给赵鹏飞寄钱。赵鹏飞在云南的时候跟他父亲在一起，然后他自己就到了北京。他跟我能说到一起，我们还是篮球场上的球友，经常一起打篮球，我们大部分时间互有联系，一直到他去世，我们的关系一直没断。他曾在我们黄金公司担任总工程师，参与公司领导班子。我们这个朋友圈对我是很有帮助的，给我的帮助都是比较大也比较实际的。

我回三建以后恢复了干部身份。按照惯例凡是干部都得要参加政治学习，每周至少要学习两次。那时我们就有了大礼拜，两周工作可以休息一天，参加学习大家都要发言谈感想，学文件、学报纸。有的时候上级派人来讲话，书记、主任讲话，我们来学习。当时中苏之间的矛盾就比较深了，中国不断地批评苏联，后来就写了九评苏共中央的公开信，一共打算写十评，写到九评，赫鲁晓夫就下台了，十评就没有写。那时我在学习方面还是比较认真的，对一些理论的东西，我也很感兴趣，还专门买了一些理论方面的参考书。后来在我们这个小组里，我的发言都是有鼓动性的，常常能说别人没有说的话。当时管我们理论学习的就是党总支干事、我的球友梁少峰。后来梁少峰从三建公司调出去，调到建工疗养院当总支书记，后来又调到了城区集体建筑总公司的政治部担任一定的职务。此后梁跟我就近于绝交了，因为进入城区总公司之后，他参与了刘振汉对我的围殴。梁跟我就站在对立面了，那个时候的故事后边再说。

在理论学习这方面我经常有一些心得体会。当时梁少峰很看重我，跟总支书记做汇报，总支书记张荣福认为我讲话是挺有新意，我的发言也有别人所不敢言，所不能言的地方。后来大梁就把我的若干个发言写成了一个综合报告材料，以总支的名义给公司党委宣传部，主管党委宣传部的是副书记黄炳文，黄书记也认为我的材料有说服力，然后通过党委跟建工局做了汇报，建工局又跟市委做了汇报，北京市委宣传部黄其翔部长还召集我们开过会，准备在建工口成立一支业余理论队伍。

那个时候市里就是想重点培养我们这些理论尖子，从基层产生的理论尖子。我那是在 1960 年到 1962 年，比李瑞环要早些。我那个时候就已经在各基层单位轮讲，还到有的单位去串讲交流。由于有这些事迹了，市里面也重视了。那个时候我在上边可能已经挂上号了。后来还确确实实我整理的一些材料在北京日报上登了。在理论探讨方面，我作了努力。但是后来李瑞环崛起了，他成了全国学毛著的积极分子，而且他是工人里边理论新秀，百分百是受重视的。他是党员，我不是党员，他是工人，我不是工人，他的文章在人民日报理论版刊登了，这一下他就出人头地了。张百发在理论上也有一些建树，但比李瑞环差距大，张百发很早就是全国劳动模范，他是全国劳动模范的时候，李瑞环还没有出名。后来李瑞环由于学习毛主席著作，成了学毛著的全国积极分子，这样才出了名。以后由于李瑞环的思想水平、理论水平，还有做事比较成熟，他的威望超过了张百发。之前张百发的位置一直是高于李瑞环的。张百发当过全国人大代表，全国人大代表拿的护照，是部长级的护照，访问古巴、访问波兰。那个时候三建公司的一个工人，成了全国劳模，成了全国人大代表，那是整个三建公司、整个建工局的光荣。我们所有人都认为张百发是强者，比我们都强，我们是心服口服的。李瑞环是在文革前夕才崛起的。事实证明，青出于蓝而胜于蓝。

现在我重点说一下三年困难期间，对于我们每个人说是一场考验，事实上也是一场灾难。对每个人的健康都有不利的影响。我在北京玻璃厂熔制车间，是重体力劳动，那个时候还没有发生饥荒，我的粮食定量是四十八斤，我够吃的没有问题。我离开了北京玻璃厂，到了三建公司，恢复了干部身份，粮食饥荒就非常明显了，我的粮食定量一开始是三十斤，后来干部觉悟要提高，我就自己要求降到了二十八斤半，那是极限了。那个时候我那么年轻，又好动，又骑着自行车，热量消耗是比较大的，饥饿的感觉也就时时刻刻存在。我1959年生第一个孩子杨虚涵，1960年又生了第二个孩子杨悦农，我的妻子她1958年通过文化考试考入了北京清河制呢厂，在细纱车间当挡车工。她定量比我高，因为她是体力劳动，我不是体力劳动，但是她定量高一些还得贴孩子，还得给孩子喂奶，热量消耗的比较大。我必须从二十八斤半里要节约出一二斤贴补给孩子用。

我最困难的时候什么吃的也没有，常常用酱油冲水喝充饥。冬季我们到昌平山区找柿子树、黑枣树去找没有完全打下来凤毛麟角的果实，偶尔能够找到一两粒，有的时候能多找一点，还要装在兜里拿回家去。我们医务室跟食堂关系是比较密切的，萝卜、白菜都有定量，粮食有定量，副食也有定量，没有多少油。食堂里的白菜把菜头砍下来堆在一块，放在食堂里边，不扔在外边，我们等到炊事员切完菜的时候，就到那去把菜头捡回来，洗得干干净净的，拿刷子刷了，放在一个铁桶里，搁在炉子上面，一夜之间这一桶菜疙瘩都变成面面糊糊的了。王长科、徐杰，还有邓振歧、侯志敏，我们这些医务人员就拿这些填充辘辘的饥肠。没有热量，就是粗纤维填充肚皮。

那个时候就有浮肿病了，当时不让叫浮肿，叫 02 号病。建筑工人劳动强度大，热量供给不足就浮肿。浮肿分一度二度三度，三度就脸上都肿了，二度是手按出坑，一厘米以上都起不来，一度就是你一按有印。一度以上的浮肿就要住卫生所了，我们的卫生所设床，卫生科供应卵磷脂，还有大豆蛋白，你住在这儿的时候，你就不劳动了，给一点黄豆，浮肿病人可以给，高级职称的可以给，我们能给的是工程师，还有徐大夫，王大夫，他们两个人有职称，邓、侯我们都是没有职称的，黄豆没有我们的份，他们给也不多，也就二斤，吃黄豆就可以减轻浮肿了。

在这种大饥荒的时候，我由于有一些熟人对外联系，我找到十三陵公社供销社，他们可以给工矿部门供应一些当地的食品，当地的食品就是糠麸饼，小麦产生面粉，剩下的叫麸子，高粱脱去皮叫糠，糠和麸子混合再加上一点果酱，烤一下就叫糠麸饼。根据你浮肿病人有多少人，确定每个人供应多少，我把它买走，然后给浮肿病人分。因为我总管这个事，供销社的干部跟我就熟悉了，他们供销社有自己的照顾名额，人家就给了我一个照顾名额，我当然也得花钱买，钱不太多就可以买到。那时如果你有多余的钱，可以买高价的饼干，高价的食品。那时候你要花几块钱买高价食品是不可能的，因为你的工资才五十多块钱。我得到平价的糠麸饼，拿到家里去，孩子不爱吃也吃，他们也饿，家里人也吃。那阵没有冰箱，有一个腌菜的坛子，把糠麸饼放在坛子里，上边盖上盖，搁在院子里边，温度低坏不了。那个时候用这种办法，乐乐呵呵地受苦，三年困难期间对我们建筑工人和干部们来讲是出奇地难受，真是创造了历史记录了，实在是挺难的。

讲个小故事。有一天赵鹏飞带着挖河队伍从清河三建二处去顺义，他是管技术的，测量、施工、行政都归他管，他是队长，带着十几个人去，在挖河工地队做技术工作。那天他就打个电话给我，说你赶紧过来，这边有玉米淀粉，你早点来，谁来得早都可以买一点，大家分一分。夜间我就由清河去顺义的大东流村，到那儿去很远，骑自行车得骑半宿。我的自行车当时还不在，我借了人家的车，人家的车是凤凰牌新车，上边有磨电灯，黑天没有灯不行，就把磨电的滚子放到轮带上，一边骑一边磨擦发电。往返顺义几十公里总磨这一个地方，给人家新车胎磨了一道沟，我这心里边十分不是滋味，我赔也不是，不赔也不是。那个车是比较昂贵的车，他也不好意思让我赔。人家面子上不说什么，心里肯定是心疼的，我这就是很对不起人家。千不该万不该我人到了大东流，还是到晚了。大家早都排队买完了，到我这里没有了。赵鹏飞也不能给我留出来一份。结果我白去了一趟什么也没得到。所谓玉米淀粉就是拿玉米核(音胡)，我们老家叫棒子骨头，用火碱把它烧了，烧完了以后把火碱用清水再洗干净，然后就成了玉米核的淀粉，拿那种东西再跟棒子面合在一起，然后吃这种玉米核的饼来充饥。这些玉米骨头作的淀粉是没有营养和热量的。结果我还是到晚了，没有买到。赵鹏飞不好意思，是他打电话叫我去的，辛辛苦苦蹬了差不多半宿的自行车才到那儿，结果还没有得到。赵鹏飞就把他自己的窝头给我，说你这一宿也累了，你吃窝头吧。吃完了我还得继续骑上自行车回来上班。那个时候真是茹苦如怡，虽然苦，但是情绪还是挺好的。

这就是三年困难期间的几个小小的插曲。在三年困难期间的时候，我争取到一个名额。在北京医学院，现在叫北京大学医学院，在北京有两所高等医学院，一个是北京医学院，一个北二医，北二医在右安门叫北京第二医学院。北京医学院在北方算是首屈一指的医学院校。当然天津医学院还有上海、东北的医学机构都不少，北京医学院是比较有名气的。那个时候工农干部参加革命的时候没有受教育的机会，后来组织上要给这些干部一个培养的机会。当时戴玉铎大夫就是老八路，由于他是解放战争时期参加军队的，然后就进了城，转业分配到三建公司，他级别比我要高多了，比徐杰所长低一级，但是他也是所长这个级别，我们一见如故，关系非常好，说话都能说到一起。那个时候他就已经有四个孩子了。他因为资格老不用考试，直接就成了北京医学院的学员。后来名额满了，戴大夫就凭跟上边的关系不错，就介绍我旁听，拉着我一起去听课，还能参加实验，动物试验、解剖尸体等等都是非常正规的。解剖学、生理学、病理学、药理学等各种各样的基础课，都学完了再学临床，有临床医院的大夫给讲课。戴学了完整的四年，我学了二年多，因为人家早学习的，我跟他认识以后他才推荐我过去的，后来我又推荐徐杰大夫也去，徐大夫是我的上级，也是我的同学，我们是一块考试毕业的。三年困难期间，我就坚持上了北京医学院，一开始的名字叫北医夜大，快毕业的时候名字改叫海淀大学医疗系。我的毕业证书就是写的北京海淀大学医疗系，毕业证书签署的校长是陈希同，当时的北京市市长，这个级别的毕业证书还是很耀眼的。戴玉铎拿的是本科毕业证书，他学满了四年，我学了二年半。戴认识我以后就介绍我参加旁听，后来我经过考试转为正式的招生。考试都是一样的题，因为你是续招生，给我证书是大专，戴是本科。我们都是业余学习的，我那个时候为了学习真是天高地远、地老天荒、山远路险都不在乎。我家住在清河，孩子妻子在清河，我妈偶尔也来北京，我工作地点再往北是昌平，昌平还往北在十三陵，十三陵还往北，叫虎峪，我工作的那个地方叫虎峪，我每次每周五到北医上课，都是从虎峪骑着自行车下山，然后从南口骑到祁家豁子，就是现在的北四环，北航对过就是北医。到那去上课，要上五个小时的课，很晚我再骑车回家，第二天再去上班，辛苦是非常的，但是为了汲取知识，受累也是不在乎的，有的时候顺风一下就"飞"过来了，你要一往回走就是向北走的时候，赶上大顶风，那是真难受。这些辛苦现在的人没有经受过不太清楚了，我们是永志难忘的。经过上夜大这一段，提高了自己的水平，对工作也相当有帮助。

社教和四清

1964 年到 1965 年，先是开展社教运动，后来就是四清运动。当时的四清运动上边就不同调，就有斗争。毛刘之间的说法不一致。当时四清运动就是刘少奇领导的，他的夫人王光美做了桃园经验介绍，然后普遍就推开了。北京的建筑口四清工作队组织起来了，一建公司的四清工作队开到三建公司，领导三建的四清运动，三建公司组成的四清工作队开到一建公司领导一建公司的四清运动。四清运动之前，先是开展社会主义教育运动，简称社教。一开始就洗手洗澡轻装前

进，以后越来越严，越来越激烈。三公司设四清总队，到工区
设四清中队，到工段是四清分队。四清工作队要跟当地的当
权组成三派结合的工作班子，工区这一级的四清中队的负责
人，要兼任总支书记或者是副书记。三结合班子成立以后，
有本单位领导参加，也要结合一般工作人员参加。以四清工
作队专职人员为主，组成四清领导小组。我当时是在一队，
李金波是支部书记，他跟我关系是不错的。组成四清工作队
以后，我很快就成了四清工作队的积极份子。后来成为领导
四清运动小组的成员之一。但是我不参与那些比较机密的内
查外调，就是参与发动群众，领导群众开会，揭发问题，反映
问题，那个时候我是四清积极分子，也算是四清领导小组的
成员。

那个时候四清领导小组组长许刚就已经跟我谈过话，让
我写入党申请书。我已经写了，以前我没有那么强烈的入党
欲望，这一次参加四清运动，把我的信心鼓起来了，让我写
我就写了。许刚是一建公司的政工干部，还有一个叫孙全德
的，是组员，是负责指导我工作的，孙全德就曾经跟我讲过，
说你这入党没问题了，我们都讨论过了，跟你们的支部书记
也都讲了，你就注意自己的言行，积极靠拢组织。我那个时
候主动往政治那个方向走，成绩好，上级欣赏你，算靠拢组
织。但同时也得罪了一些人，当时人们都在竞争，所以我们
就产生了两派。两派人是各自抱团的，我们之间相互不服，
就产生了斗争。比如说董调是材料干事，杨宽是工长，他们

是一派的，我们之间讲话都是不合拍的。杨印堂还有李术仁几个，我们算是一派。我们彼此就暗中较劲，你较劲我也较劲。四清运动当时并没有整谁，只是自我教育、相互批评和揭发检举，气氛热烈达到了高潮。要做结论，做完结论就发展一批党员，我和其他积极份子可以入党了。正在这个时候文化大革命起来了。文化大革命一起来，首先是解散工作队，说四清工作队执行了一条不符合毛主席的路线，后来叫资产阶级反动路线。四清工作队就不吃香了，文化大革命发动起来以后，群众造反，就轰赶四清工作队，虽然没被轰回去，但是他们已经没有权力了，这个时候四清运动是受挫了，被文革取代了，文革就陆续地开展了。

在四清初期阶段，什么洗手、洗澡、背靠背、面对面，这都是当时的术语。自己也要洗手洗澡，交代问题，也要揭发别人的问题，还得面对面，你揭发我，我揭发你或背靠背检举这个那个。四清运动当时如果没有文革，我觉得我以后的挫折就不会有，因为有了文革，我就被投入了文革的浩劫。

第四章 文化大台风

文化大革命一共十年，从 1966 年开始到 1976 年。我经历最苦的大概是六年，我受了非常严重的折磨、冲击、打击，有的是我自己的责任，有的不是我的责任，是文化大革命本身的责任。后边这四年我是观众。我跟文革受益是不一样的，后边这四五年，我个人在社会上是受益的，我的冲击结束了，结论有了，恢复工作了，我又深造，又进修，又发挥了巨大的社会影响力，为我以后的发展铺平了道路。

工作队被迫撤出，赵作成立革委会，他成了掌权派。我那个时候要组织队伍进行造反，到处看大字报找支持。各个大学都去了。革委会一成立，赵作就跟工区挂上了钩，工区也成立了革委会，都是由当时的党总支领导，在一队是党支部领导。现在革委会掌权了。杨宽当时也是工长，赵作也是工长，他们之间早有积怨，矛盾较深。我由于经常发表比较尖锐的意见，赵作对我是有防备的，不亲近。赵对杨宽对董调是想整的，那个时候就已经做好了准备。我当时已经被撤职下放，又由于头脑发昏，左得比任何人都严重，所以被揪出来就是必然的命运了。

这个时候我在工作单位就写了一份大字报，贴到公司的大字报墙上，在公司引起了很大的反响。这时公司发生变化了，公司的四清工作队，一建公司来的四清工作队也靠边站了，公司的党委又重新起来掌权领导文革。可是那个时候北京市委已经瘫痪，但基层党委又掌权了，文革一开始就是矛头对着四清工作队的，四清工作队成了被攻击的目标，原来的党政领导自然就又有了权力，有了话语权。我知道北京市委危了，所以我就矛头对准了公司的领导。工地的领导我没有管，我当时就写了大字报。这一份大字报让我今后几年吃尽了苦头。

姚文元

回忆在我被揪之前，写大字报的当时，我在北京工业大学工地医务室工作，时间是 1965 年 10 月至 12 月。当时我看北京日报转载了姚文元评海瑞罢官的文章，转文章的时候，北京日报就写了一个编者按，大概就是彭真的意见，讲这是一场学术讨论，没有谈到是阶级斗争，姚文元讲得很清楚，海瑞就是给彭德怀翻案，但是当时北京市委不是这么想的，北京日报也不是这么想的。然后北京日报转载了姚文元的海瑞罢官，我看了以后，就同意当时北京日报的意见，写了批评姚文元的文章。到 1966 年 516 之后，我的立场发生了转变。我是紧跟中央，就不能跟北京市委了，不能跟彭真了。后来彭真被批评了，彭陆罗杨那时候已经被批评了。批评他们四个人大概是 1966 年五月份，我这个时候是 1965 年的 11 月份 12 月份。当时我看完了北京日报转载的姚文元的文章以后，我就有个感觉，我认为姚文元这个话说的不对，强词夺理。我认为北京日报的编者按是对的。所以当时我就写了一篇文章批评姚文元的评海瑞罢官，我写完了以后发到北京日报，北京日报大约两三天的时间就打电话通知我去北京日报谈话，我去了，到那谈了以后，他把我写的东西让我改，他拿红笔勾了，就是让我照着他们勾的改，你要同意我们就登了。我看了看，可能他们的句式结构更经典更精炼一些，所以我就表示同意了。我这个人没有保密观念，我就把这件事跟同事们讲了，等于是提前自我揭发了。过了年就是1966年了，6月北大聂元梓等人的大字报就出来了，越来越热闹了。我这篇文章在北京日报就没有登的可能了。北京日报的人后来又说登到内参上，应该是给我本人一份的，但是没给我，只是打电话告诉我了，后来我一直没见到这个内参。热火朝天的文化大革命起来了，到了516以后彭陆罗杨揭出来了。那时我转变立场，响应毛主席的号召，对北京市有了看法，对聂元梓表示了支持。在这种情况下，我就在公司写了一份大字报，贴到公司本部的大字报墙上。我这大字报一贴出来，立刻产生了很大的反响，我记得很清楚，许多人对我表示赞许。后来文革飚风刮起之后，我被冲击得很严重，不但我大字报稿没有了，我过去的日记，过去我积累下来的一些书、诗、文这些东西全部都没有了。我的大字报的标题就是批评李瑞环和张百发的。当时周宗元还是党委书记，他在给我们传达北京市委精神的时候讲了，彭真在昌平想搞一个百里大街工程，他也揭发了彭真。这个时候知道张百发是彭真培养的，北京建筑业里边唯一的一个劳模。原来建筑业的老劳模傅鸿宾经过四清给打垮了。我刚一参加工作的时候在天津王串场，傅鸿宾因为发明傅鸿宾工作法而当上劳模。傅鸿宾也随天津二建到了北京，傅鸿宾在肃反时出状况了。反胡风运动，同时就发起了肃反运动。在肃反运动当中内查外调，查出傅鸿宾当过国民党的中尉军官，就变成了历史反革命。这个劳模就没了，被判了刑。这时有了新劳模，就是张百发。那个时候李瑞环还不是劳模，李瑞环就是全国活学活用毛主席著作积极分子，已经选上了共青团不脱产的中央委员会委员。这两个人在三建公司有无可限量的前途，他们两个人都是北京市委彭真培养的接班人，当时我就是为了响应毛主席的号召，就反对北京市委。彭真、刘仁都抓起来了，他培养的这些人都变成了黑帮。我写一根毒藤两个瓜这篇大字报，就是对北京市和周宗元的。运动起来以后，我跟孙双印在一起。他有许多小道消息，我也把这些作为内容，写进大字报。我这大字报一炮打红。我在三公司本来就有一点小小影响，因为经常作学习交流。这一下影响就大了一点。在文革初期成了活跃人物了，引起了较大反响。这同时也给自己设下了暗坑。

我写大字报那时张百发已经是当权派。三建公司当时的一个重大任务就是修建滑冰馆。公司成立一个指挥部，百发是总指挥兼分党委书记，张百发的权力就大了。我这大字报出来以后，拥护张百发的人对我产生了反感，就反对了，二工区就整我。二工区当时的当权派就是原来保卫股的罗章，后来当了保卫股的股长，他又代理总支书记，他就下个令，让我也罢了官，停职反省。

有二工区总支委员会下令让我停职反省，不但停职反省，还解除职务，下放劳动，跨工区到滑冰馆去打会战，让我到滑冰馆去参加劳动，被张百发监督。百发我早就认识，这是个很优秀的人。我这次主动得罪了他，我这是很不自量力的一个举动，在此之前他尊重我，他带着钢筋队到我们工地去施工，我们关系很好。那时干部是被工人看重的，所以那阵我们之间关系不错，有的时候他还悄悄地说点市里领导个人的事儿，我们之间更亲热了。但是那阵文化革命热情冲昏了头脑，就写了这么张大字报。李瑞环我跟他接触很少，一块开会的时候说句话，没有其他更多的接触。他在五九年人民大会堂国庆献礼工程中创造了一项新技术，这是重要事迹，可是我觉得他那些事迹还不如百发。后来百发还跟我说过瑞环的一些事儿。李瑞环私人的事也听说一些，但不确切，所以不说了。这种情况下，我主动得罪了张百发，罗章又把我罢了官，让我到滑冰馆去惩罚性劳动。最看得起我，最看重我，也是我最尊重的工人刘贺丰，是混凝土突击队的队长，搞滑冰馆工程混凝土是非常重要的环节，也是工作量最大的，从基础到结构都靠混凝土。我到刘贺丰小组去劳动，那就是惩罚了。我随刘贺丰到了滑冰馆，我这人干活不惜力，得罪人也不惜力。当时我用的那个手推车是加宽的专用的车，跟一般人推的小车不一样，加宽的车至少有一个半人的工作量，因为那个时候不止我一个人，两三个人有点力气的都得推加宽车，因为混凝土供料全是靠车。现在用电力吸管了，那个时候不是。我推车都是跑起来，装上车跑起来，就这么玩命。

在工地百发经常见到我，他在滑冰馆是总指挥又是分党委书记，我们一见面，他就有点不太舒服，说了一些跟他的职务不相称的话，就说明了他对我的大字报是气愤良深的。

那时孙双印也在滑冰馆工地，我们俩经常见面。孙双印是张百发的大师哥，孙双印的父亲是钢筋技术方面的专家，在当时钢筋技术没有再比他门清的了，百发当时就是韩经理的工务员。所谓工务员就是工人身份的专职服务员，干部身份就是秘书。韩经理把百发派到孙双印他父亲那儿学钢筋工，韩经理说，年轻人要有发展，不能老是为我个人服务。孙双印也是做过钢筋工的，因为他父亲的关系，钢筋图纸和技术他学的比较精通，成为钢筋工长。孙双印跟我个人关系良好，包括他夫人王霞芳。因为我这个人也有一点点个人影响力，我去滑冰馆工地是劳动，孙双印在那是当干部。虽然当时我们已经有干部和劳动者之分，但是中午吃饭的时候我们俩必须在一起吃。他跟百发是师兄弟，他知道我反了百发，他说我是臭棋篓子。百发是有点毛病，干嘛呢。所以后来我也就觉得有点愧疚，百发有时候批评我几句，我也认可。双印当时跟我说了一件大事，对我来讲是记忆犹新，整个文化大革命过程我都没有忘这句话，当然这句话我也不能跟任何人说，我跟任何人一说孙双印和我就枪毙了。当时我们俩人中午吃饭，他就说小老太太（江青）是戏子，就是主席看错了人，早晚江山丢在她身上。我的天，那个时候这句话要一出来那不枪毙吗？他和我都得被抓被毙。我牢牢的把这件事摁在心里，跟我家里的人，跟我的其他朋友，一直都烂在肚子里，都没有讲这件事儿。所以双印跟我的交情即是非常深的，我们这一生一直接触，最近这几年，我们没有什么消息了。原来他还带着我去找陈 LH，陈 LH 又让他儿子赵 Y 找我合作筹资上金宝街项目，我跟赵 Y 没成交。我在滑冰馆劳动之前，我就曾经得过椎间盘突出症，这次我还是玩命出力，是很危险的，可是我没有往心里去。到滑冰馆完成劳动任务我就又回到了二区一队。我已经是被罢官了，劳动了，就让我跟黑帮一块，就是历史上有问题的十来个人，都不允许在班组劳动，成立一个黑帮队单独劳动。等到 8 月份红色恐怖来了，我的厄运也就到了。

红色折磨

　　文化大飚风整整刮了十年。我深深地陷入其间。当时我觉得自己从四清运动转入文化大革命运动，是响应毛主席的号召跟着党走的。我对姚文元的文章有看法，是由于我不但跟北京市委的关系近一些，也是我对姚文元的文章有强烈的反感。后来 516 通知公布，打倒彭陆罗杨，我转变了立场，批判北京市委和三建公司的当权派。

　　我跟同事讲了我怎么给北京日报写稿，北京日报怎么跟我谈话的过程，等到 516 通知下来以后，我批评姚文元和批评张、李两位的大字报，等于是引火烧身了。当时你可以给别人写大字报，别人也可以给你写大字报，相互攻击。我每天最多写一百多张大字报，有针对社会上的，有揭发单位的，当时就引火烧身了。人家也在揭发我,揭发我是旧北京市委的残渣余孽、孝子贤孙,因为我批判了姚文元。革委会也有办法来折腾我,当然论战的结果是我把这几个人基本上都得罪苦了。我的大字报虽然一时出了风头,后果就是我被揪被斗。给张、李写了大字报,当时张刚刚被提拔上台,李那时已经不在三建公司了,他调到建材公司东郊木材厂,当党总支书记,木材厂厂长走了,但是他仍然住在小南庄,住在我们公司大院,我的大字报他们都看了,暗中也说过一些狠话。在一个我的朋友一起聚会的场合就表示了对我的愤怒。最终罗章代理总支书记给我发了撤职下放的通知,我被撤职下放劳动以后,我就没有发言权了。从滑冰馆工地劳动回来到第一队去报到,那个时候革委会赵作已经掌权,有十来个"黑帮"了,我也是其中一个。十来个黑帮都是历史问题,我被揪斗是现实问题。揪斗的理由就是说我跟旧北京市委勾结,另外说我也有右派言论,当时有一帮人就是杨宽、董调、小邵这一帮人攻击我。小邵发挥才能给我做了一个油毡大帽子,写上右派份子的标签。当时我对于给百发、瑞环写大字报没有后悔,一直有人支持我。回到一队以后,我就跟黑帮站在一起,人身自由被限制了,开始作被揪斗的思想准备了。我加入了黑帮队伍,到了八一八以后,热火朝天的风暴来了,我就彻底失去了自由,被看管了,不能回家了。在让我劳动这一段的时候,我还没失去自由,还可以上下班回家。可是我敏感地预料大风暴要来了。当时我们家已经不住在清河的张家了，因为雨非常大，他那个房子没法再住了。当时我妻子向清河毛纺厂请示，在五号大仓库安排我们全家住下。清河毛纺厂给每户每家搭了一个棚子，我们全家就搬到那住。那个时候我预感到了危机，不知道什么时候会突然袭击我。我那时年轻气盛，又好写作、写诗歌、记日记、写读书笔记，我恐怕遭遇不测，所以就提前把这些东西全部烧了，没留痕迹。等到抄我家的时候，什么可以给我立罪的东西都没有找到，只有我读的书，那都是公开发行的，没有什么忌讳的书。失去自由大概是在8月底9月初。1966年8月底我们这些黑帮被集中一起，那就叫牛棚了。把窗户全都钉死，门上加锁。十几个人批斗我，给我带上油毡做的一米多高的大帽子，写上资产阶级右派分子的招牌，这是邵锡梦的杰作。我们之间的明斗暗争成了阶级斗争戏码。当天革委会和杨宽、董调占了上风。

血肉之衣

小邵跟董调、赵作他们在此时是紧密联系的，包括杨宽，他们借助工区总支罗章的力量，利用我给百发写大字报的劣势，在我们之间的斗争中，我一下跌进了滑铁卢。我一下由四清时期党的红人，预备入党的积极分子，瞬间就成了阶级敌人，由极红变成极紫又到极黑。你们可以批斗我，但你们不能侮辱我的人格，你们可以打也可以骂，侮辱人格不行，不能让我自己辱骂自己，不能让我承认反党。我坚持自己是忠于毛主席的。在批斗我的时候我仍然是讲道理、举实例，口若悬河，让对方没有道理可讲，只能喊口号。那些人除了动粗没有任何能战胜我的地方，所以在辩论当中，批斗我，让我弯腰撅着坐飞机，让我说，我就说，我一说他们就没得可说了。所以他们可以批斗我，但是实际上我仍然有群众，我仍然有市场。批斗中有人暗中伸大拇指给我。我在群众当中没有仇人，革委会把我打成了仇人。不能说我有多么好，但大多数工人是喜欢我的。只有几个人想置我于死地，也就仅仅董、赵、杨、邵而已。

　　我就是在这种情况下被打成黑帮，打成资产阶级右派分子，被这些人批斗，最终我吃了苦头触了霉头。那个时候可能我得罪最厉害的就是以上这些人。最恨我的应该是赵，他是武清人，他主持批斗会，他是革委会主任，他说打就打，他喊口号打倒谁，就跟着喊口号，斗我们都是在晚上和夜间，点着五百度的大灯泡，拿灯泡烤着。我被打得很重，打完了以后我的后背皮肤血浆跟衣服粘在一起了，揭不下来，要几天才能脱痂止疼，就是这么厉害。在这种情况下，我仍然没有屈服，我不承认我有任何反党的言行。这就把气氛白热化了。连续斗了我三天，连打带嚷带骂。戏剧性的是第三天，那一天就把我的对立面也给揪进去了。杨宽是我的老乡，宝坻县马店子的。他是工长，是技术人员，我们两个人原来是很说的来的，他好争论我也好争论，最后谁也不服谁，我们俩形成对立面。董调跟他抱团，小邵跟赵抱团，他利用了我，把我打倒。接着他们又打倒了杨宽，然后赵又跟小邵、梦笔抱团，掐下杨宽，因为杨宽也是工长，赵作也是工长，杨宽是谁都不服，两个人都是党员，谁都不服谁，所以借着这个机会赵又报了个私仇。在杨宽批斗我的时候，我就说了他的好多事，可能赵作他们还抓住了杨宽其他的问题，当场把杨宽揪出来以后，立刻小邵就给他写了大牌子，反党分子！杨宽戴上大帽子批斗，打他比打我还重，拿皮带抽。这样他也进了牛棚，也失去自由了。进去以后他首先就跟我讲了，说我们俩人都上人家的当了。牛棚里面不让讲话，他敢讲，他不在乎，打他也不在乎，这时我就不能再反他了，我在观察。我觉得杨宽说得对，他跟我的矛盾就是抬杠的矛盾，没有谁整谁，就是我们对四清工作队评价的矛盾。折腾三天，斗的时候就是弯腰撅胳膊坐飞机，然后上来打，侮辱性的言论，就是这样。

三天以后，新戏又开演了，董调也被抓进来了。董调跟我对立很久了，四清的时候我是积极分子，他就是不服，我们之间勾心斗角劲头就大了，董调是杨宽的参谋，杨宽是直筒子，董是智囊，给杨出主意，能左右杨宽。没想到杨宽进去以后，董也进去了，也抓起来了，抓起来的董调挨打不多，他很快就服软，进来就服软，让说什么就说什么，光棍不吃眼前亏。董也有一些事，但是不是什么大事，可是那个时候就都上纲了，上纲上线了。他是家庭的私事，与政治没有任何联系，只是这么一个家庭背景，不算什么问题，结果就是把董工作上的一些事都上纲上线成了问题，说这是流氓坏分子。

我们三个人都让小邵、梦笔、赵作他们给算计了。我是右派，杨是反党份子，董是坏份子。整个文化大革命成了打击报复公报私仇的演武场。我还深层次得罪了公司领导周宗元和张百发，又得罪了二工区罗章。罗章我一向对他反感，说话都不会说整齐话，他就当了保卫股长，当了总支代理书记。那时我们见面，他总是有一点不自在。

和我们三个一起被批斗的那些年纪大的人，有些有历史问题的人，也是被折腾，被打得很重的。周本立还有孟连元是打得最重的，他们全都被专政了。董、杨和我是三个现形分子，其他的都是历史问题。

第一次流放和半步桥监狱

红潮翻滚，高潮到了。到十一月底北京就形成了一种潮流，所有被揪斗的人都轰回农村去。我本来是用不着，但是他们也千方百计非得要把我也轰回农村去，不但我，连我妻子和孩子都吃瓜捞了，我妻子和孩子无辜，何罪之有？赵作开一个车把我一家送回宝坻，这就是我继十二岁之后再一次回宝坻。

十一月底我回到了宝坻。由于我父亲经常从玉田去大白庄老家走动，我们杨家是大户，我父亲在大白庄的为人还是挺好的，所以我回去以后没有任何人认为我是敌人。虽然送我回大白庄的人给我弄个右派头衔，但是他们走了，村里边就立刻给我们全家做了安置，就住在大队部里边。虽然村干部对我们挺好，但家里的大人孩子跟着我受罪了，精神上和物质上都受挫折了。回到大白庄我仍然是不服。村里鼓励我回北京去算账，我向干部们请假，我很快就到了北京。我找了市里和局里管文革的机关，又找了三建公司。当时两派已经分明了，一派是革命联合会，简称革联，一派是红色造反者协会叫红协。我到公司一找，红协这边的人远接高迎，说你赶紧回来，甭听他们的，然后我又到清河毛纺厂找厂领导。因为我妻子是清河毛纺厂的工人，毛纺厂的领导说我们马上派车去接，你跟着我们的车一块去宝坻。毛纺厂说三建公司这叫不懂政策，我们的工人凭什么三建给拉走？很快的，大概半个月左右，我们就都回到了北京。回来以后还得回到五号库，可是五号库那个时候就不好安排了，结果毛纺厂给找的房子，就在清河派出所正对门，这个新盖的房子三间，有一大间分给我们，我们有了新家。当时是四个孩子，有三个孩子跟着到大白庄，最小的孩子就是杨虚杰，她到玉田外祖母家。我们回来以后我妻子田文秀立刻恢复了工作，毛纺厂给补发了工资，孩子们也都有了安置。那个时候还没给我办手续，红协接受了我，革联还不同意，但是我已经回来了，他们已经没有办法再对我专政了。然后我就联系了社会上的一些团体，要求上级机关给我解决问题，最后给我安置了，让我回到原单位去工作。我还要联系社会组织支持，结果就认识了全国性的组织十六条捍卫团。北京市有一个清洁工人的劳模时传祥，时传祥也组织一个捍卫团，是北京市的群众组织。十六条捍卫团是全国性组织，当时我通过徐茂君联系了内蒙在北京上访的申文亮、申文彪哥俩，他们都是学医的，住在粮食部招待所。徐茂君跟我是同行，赵澄当过地下党，我们都自称是造反派。所以都在粮食部招待所十六条捍卫团担任了职务，这样我就介入了社会组织。

1967年1月17日，北京大学的新北大公社到粮食部招待所抓上访人员，把人就给送到政法公社，那个时候北京市公安局都已经垮了，由政法公社介入公安局，抓这些人。我当时领导大家反对新北大抓人，我们和新北大形成尖锐争执，最终到北京市公安局就是政法公社那去讲理。讲理以后，新北大跟政法公社他们是一派的，最终就把他们要抓的人扣下了。当时我为了讲义气保护申家哥俩，我就陪着他们，我跟他们一起走，所以就一块跟着上访的十六条捍卫团，还有其他的人，由政法公社就是北京市公安局直接送到半步桥监狱。送去以后，我在半步桥算是长了见识了，我对监狱的工作人员根本不服。但在那儿的生活待遇还是不错的，我们还是享受着比普通犯人好的待遇，可以吃馒头，晚上给一个窝头一个馒头，中午吃馒头，有时候还吃点米饭，不是文革的其他犯人只吃窝头。我到那以后发现进到里边的人都是各地的精英，其中就有十六条捍卫团之外的几个领袖，他们都是东北人。我当时是参与了十六条捍卫团的领导工作。我到半步桥之后，一直没有人过问我，我主动找看守要求谈话，也没有回答。这个监狱有很多有点名气的人，我见到的就有刘少奇的儿子刘允若哥俩，还有谭立夫，写血统论的这个人，还有当时比较出名的几个人，跟我住在一个屋的有姚依林的儿子，当时的名字叫赵力，他才十几岁。我就关照他，他就小声地告诉我，他说我爸是商业部的部长姚依林，我说你为什么叫赵力？他说是我爸起的名。这些小朋友就是联动，联动的人都是红二代。

后来熟了我有的时候就参加劳动，吃的还不错，经常有人借着上厕所的名义，到我的房间窗口上把手伸进去，给我挑一个大拇指。其实挑大拇指的人是误会了，他们以为我是跟时传祥一伙的，时传祥在北京有很大的影响力和威望，他组织的捍卫团当时也被抓了，我也是捍卫团，我被抓了，不过我是十六条捍卫团不是北京捍卫团。在那儿我也是闹得比较厉害的人，我曾几次绝食。最后狱方军代表跟我谈，说你不要再闹了，你们单位很快就来接你了。我那个时候头脑发昏有领袖欲，我喊口号，那帮联动的孩子们也愿意跟着我喊。没有几天，江青在中山公园接见狱中的孩子们，江青接见后，夜间这些孩子就放了。江青接见完了，孩子们就回到监狱，回来以后就拿自己的行李，管教的人员就管不了他们了，大声的嚷嚷。那个时候曾经要油炸江青，这个时候就叫江妈妈了，释放联动这些孩子们，后来知道这是毛的意见，一句"不要难为娃娃"，这群孩子就都放了。剩下我们，还有谭立夫，还有刘允若哥俩是没有放的，还有一些比较重的人没放。1967年4月28日三建军管会派人去半步桥接我和三建捍卫团的三个骨干南凤文、程耀亭和王松贵，军代表把我接出来，说先到公司跟军管会的徐主任徐州见面，半步桥监狱的军代表向我们郑重宣布：说你们这件事，属于误会，是无产阶级文化大革命新形势下的新事务，这一段不入档案不算问题。当时社会乱，让你出来恐怕出事情，你自己不用背包袱，你们也不要平反，不存在这个问题，跟我们说完了就让我们跟三建军管会的人回单位。在三建军管会上见到了徐州，说了几句话，我就回家了。这时我家就已经搬到清河派出所对过去了，到家里休息了一段，军管会通知我还要回二工区，不用回一队了。赵作他们还在掌权，我回到工区，回到工区就是回到清河，跟家里团圆了。不久又让我回一队，担任红协组织的小组成员，继续搞文革。这是第一次被斗被抓到监狱，然后又放回来，又告诉不存在平反问题，是属于保护你，然后我还继续折腾，继续遭难。

二汽三命

1967 年 1 月 17 日，新北大派人清理来京上访人员，我当时打抱不平，跟新北大一起到了北京市公安局。内蒙古的申文亮、申文彪跟我们都是全国十六条工农兵捍卫团的，他们被抓，我当然不能不管了，我要保护他们，我就陪着他们到了半步桥监狱，结果我也被半步桥监狱关起来了。这一下就从 1 月 17 日到了 4 月 28 日，三个多月。回到家以后，家里当然高兴。我回来了，休息了一下，回到单位上班去了，我又回到了一队，第二工程处第一施工队，当时在工区掌权的仍然是罗章，徐廷文是工作人员，是革委会的打手。第一施工队掌权的，虽然军管了，还是赵作这几个人。他们的面孔也变了，再如何限制我，他们已经做不到了，而且换了一副笑脸。我回到一队以后，一直支持我的，跟我平常就好的这些老工人、这些同事非常高兴，在一队反对我的人并不多，但我跟他们也还是主动打招呼。回来归队以后我就组织和整顿了红协的队伍。

两派群众组织，公司一级是红协总部，二处是二分部，一队就算是一队红协。一队也是两派，一派是革联，基本上都是赵作这些人，没有多少人，一派是红协，占全体职工总数的多数。我回来以后，过去的那些被斗的人有的还没回来，尤其年纪比较大被批斗的，因为历史问题被批斗，还没有回来，杨宽跟我同时都被送走了。杨宽作为一个工长，还一直在党内担任领导职务的，这次他也跟我一块回到宝坻，我很快就回来了，他过了一段也回来了。都上了班，我把红协的工作组织起来以后，红协总部的首席服务员王军，是原来党委办公室的工作人员，还有一个徐肖祥是卫生科的，他们主动联系我，这时上上下下基本都沟通了。红协是一大派组织，那时叫造反派，革联也是一大派组织，原来就是捍卫团的那一拨人，北京时传祥捍卫团的那一部分人，他们也认为自己是造反派，不说自己是保守派，双方都认为自己是造反派，这个时候就发生了一件对我来讲影响比较深远的事情。

一次红协组织审讯张百发。当时革联也表示自己是造反派，两派就共同把当权派揪出来共同看管。当时当权派周宗元是书记，王春亭是经理，黄炳文副书记，还有副经理，当时揪出来的，被造反派关起来的，一个是张百发，一个是周宗元这两个人。造反派要审讯当权派，当时周宗元的罪名就是假党员，真反革命，他当过日本的翻译，他在抗日战争时期参加了革命，这样就说他是叛徒了，是假党员了。张百发当时的罪名是三反分子，工贼。因为他是工人提拔的干部，就说他是工贼。一次我带着两个造反派的成员，审讯张百发，实际上就是跟张百发谈话。我们从关押的房间里把张百发提出来到谈话室。张百发进来以后，红协两个看管配合红协总部的人，两个看管拉着张百发进来以后，就让张百发传统姿势撅起来，喷气式。我当时就制止了，我跟他们两位还有红协总部的同志说，咱们先念毛主席语录，政策和策略是党的生命……，我就说了一下，张百发到底有什么问题，我们还得通过调查了解，最后给予定性，因此现在不能够像对待敌人一样，他只是有错误的当权派。这样就没有让张坐飞机坐喷气式，没有把两个胳膊给架起来，让他低头弯腰，没有这样做。给他一个座位，我也坐下跟张推心置腹地谈了一次话。那一次跟张百发谈话之前，他对被揪斗是非常不服气的，"谁说我是工贼，谁就给我举出事实来，说我是三反分子，光说不行，得要有事实"。之前他一直是不服气的，而且还流露了很深的埋怨情绪。我跟他说："这一场无产阶级文化大革命，毛主席说的是触及人们灵魂的大革命，我说你有问题和没有问题这都不是重要的，毛主席为了反对修正主义，防止修正主义复辟，要考验干部，这些干部是真修正假修正，通过文化大革命要考察，我说你才多大岁数，你刚刚提到领导岗位上来，因此你要经得起考验。我认为毛主席要打倒一批反党、反社会主义、反人民的反党分子，也要培养一批真正的无产阶级革命接班人。你如果有问题，你必须交代，你不交代对你是不利的。你要是没有问题要经得住考验。我认为你要经得住考验，将来有更大的任务，党会交给你的"。我把我对运动的理解，告诉了百发。这样一谈等于是交心。那个时候不管是什么造反派面对被打倒的人都谈不出这话。当时不只是张百发，就是揪出来的所有的人，定性定不了。所以我这么讲了以后，张百发他不再说什么了，他说我谢谢你，让我回去好好想一想。但愿是这样，我问心无愧，错误我有，没有反党反社会主义错误，你的说法，我感谢，我要好好考虑，我非常的感谢。当时任何组织包括革联假装的也得让他撅着，而且也得吼，否则就被对方说是保皇派。我没有这样做，而且我觉得这次对百发是有触及的。我第二次被打倒的时候，在解决平反问题时得到了百发的大力支持，我觉得这是种瓜得瓜种豆得豆的结果。

到了 1967 年 10 月份，三建公司当时的任务就是支援湖北二汽建设，整个三建公司全建制的调到湖北省十堰市第二汽车制造厂。前头部队已经去了一些人了，这个时候一个是出于红协的派别利益，红协总部希望我能过去加强那边的领导，另外也是出自各个单位的需要，那边整个建制过去，从北京三建二工区过渡到建设部领导的第二汽车制造厂建设指挥部，简称 102 指挥部，当时的指挥是两位司局长，一位叫张育才，一位叫于监。我们三建公司到湖北以后，建设部成立 102 指挥部，它是一个局级的建制，三公司过去仍然是局下边处的建制，三建到那里叫第一分指挥部，还有其他全国各地区的公司，叫各自的指挥部。

1967 年 10 月初，我们十来个人出发到湖北十堰张家湾。我和我们这一派的成员一行到了十堰。从武汉到十堰，也经历一段险情。当时我们的人乘坐 102 指挥部提供的卡车进山，车行至一个山口，一个硬转弯处遇到麻烦。司机要前后反复转向才能转过硬弯把车开过去，没想到司机向后倒车时，双后轮悬空，汽车仅差一点点就会坠崖！一直等到后边再来大车，才把我们这辆车拽上来，险一险就亡命武当山。由此，又想起在 1966 年 12 月初，我从宝坻返回北京，我去北京市政府和公安部了解运动情况。当时一辆敞篷卡车停在市政府进口处，我们上车去公安部。车开得飞快，我们几个人站在司机楼子后边，司机把车贴着院墙边行驶，突然树枝探出，我们急躺下，司机楼子已经挤瘪，我们险些丧命。司机下车窜逃。后来听说开车的人是联动的。

那个时候湖北的形势比北京的形势要严峻一些。在此前毛主席到湖北视察，被陈再道管辖的武汉军区包围了，毛主席失去保护很危险。有中央文革的王力几个人到那儿去护驾，结果把陈再道给抓起来了，把毛主席救回北京。武汉的两派斗争非常激烈，有如长江之水奔腾汹涌。所谓造反派有钢工总、钢913，所谓保守派就是百万雄师。百万雄师的实际领袖是陈再道。钢913这些群众组织，背后还有哪些高层介入，当时不太清楚。我们到了湖北以后，北京三建102红协就是现在的102-2指挥部的红协，跟当地的造反组织结合起来了。我到那儿主要是解决当地红协组织建设问题，当时北京红协里边的主要领导力量一个都没有到湖北去。湖北102红协的总负责人，当时就是李根源，一个我的知己，是工会干部，他比我年纪大个十来岁，他原是国民党青年军的，后来参加了起义，当了解放军，然后转业到三建来的，跟我一直非常好，他跟红协总部说，要求我能够过去，协助他工作。因为李根源原来也是二工区的，我过去实际上就等于是给他以协助和支持。总勤务员是李根源，后边还有张世诚、黄云鹏几个人，在红协内部都有点领导职务，他们都有当工段长和施工队支部书记的身份，是红协这边的领导成员。我去湖北主要是加强红协的力量来充实领导班子。我到了湖北，住在周家沟，也就是102红协总部的所在地。我跟李根源汇报以后，我带过去的那十来个人就都安排在周家沟工作，其中有两个人王贵林和董文生为了保护我，跟我同来同往。

到11月26日形势紧张了，革联那边主要领导人一个叫应礼修，一个叫李克复，还有一个叫穆怀亮的。那时由于形势紧张，11月27日晚上就发生了情况，革联那边一把手发动了一千多个民工，围攻袁家沟（袁家沟是三营的施工现场），

发动武斗。我们周家沟这边有一个人到袁家沟办事被对方抓
起来了，我们必须去救人。对方一千多人大都是民工，都武
装起来了，有的带枪，有的带着其他武器。当天是 11 月 27
日晚上，李根源在周家沟总部坐镇，派我带着一百多人步行
冲进了袁家沟的最前边和对方组织的民工对峙。我喊话要李
克复交出罗廷明。我们的人数少，比较精悍，对方都是民工，
我们的气势挺强的。对方的头目躲起来了，让民工在门口阻
挡我们，他们把简易楼的大门关了。那边的指挥一个是穆怀
亮，一个是李克复，他们二人都是三建公司的，李克复、穆怀
亮都是三建财会班毕业的中专生。我去了，我是首席负责人，
我们这边一遇到对方的队伍，对方就稀里哗啦了，不战自溃。
没有经过武斗，我们进了他们的大门，他们就退让了。那个
时候我们几个人都带着枪，但谁都没有放枪，我们这一冲他
们就退了，我们就把他们的住宅全部给包围了，把李克复、
穆怀亮抓住了，他们就把我们这边的罗廷明交出来了。我见
到罗廷明他已经进入垂死状态，他的头也搭拉了，神智不醒，
当时我就组织人找 8341 部队要车，直接把罗送到五堰医院。
五堰医院有一个医术挺强的团队。把罗廷明送到五堰医院，
我留下来处理李克复等人的事儿。当时把李克复抓住了，穆
怀亮也抓住了，还有三建公司调到那边去的人事科的科长苗
作新也抓住了，我还要保护这三个人，防止人们袭击他们。
把他们押解到周家沟总部，送到李根源那。我们发动这场解
救罗廷明行动，从 11 月 27 日晚上到 11 月 28 日早上，一场

行动取得了重大成果。第一解救了罗廷明，第二抓住了对方三个头目。除了对方的一把手应礼修没去袁家沟没有被抓到之外，那边的头头全抓住了，这一宿我从夜间到天亮一夜没合眼，胜利而归了。28日上午就相当紧张了，两派在对方总部柳林沟对峙了。我们从周家沟跑到袁家沟和吕家沟把对方的本部给占领了，然后把我们的伤员送到五堰医院。这时对方组织了全部人马，把整个队伍都集结到了他们的总部柳林沟。我方的指挥人员张世诚要冲过去，多亏是7212部队在中间设防，把我们的伤员拉过去，但红协的车不让回去。双方对峙地很厉害。这个时候我已经回到红协总部周家沟跟李根源会面，前方柳林沟就是由张世诚带着一批队伍与对方对峙，柳林沟是对方的大本营。经过双方对峙，在柳林沟双方都开了枪。我们这边当时打死了一个民工，叫皮定道，是谁打死的一直没弄清楚，带队的是张世诚。很快7212部队的电话就过来了，向我们这边说明了局势紧张已经打死一人，让我们准备调查。为什么打枪怎么打的枪，让张世诚赶紧把那边的情况了解清楚，双方撤出战斗。张世诚回来他的心情很不好，他也不愿意见人，就在他的房间里边，跟李根源说了两三句话，他就自己回房间里不再见人。

这个时候噩耗又来了。罗廷明到五堰医院之后，发现已经是植物生存了，完全没有意识了，脑袋肿的跟斗一样。对方是拿着木棒，外边缠着胶皮这么打的，明显外伤没有，但是震动很厉害，罗廷明已经濒临死亡，那个时候就是植物生存了。我们这边在审穆怀亮、李克复和苗作新三个人的时候，黄云鹏有一把枪，他拿出来是为了擦枪，还是为了修理枪，突然走火了。子弹打在金属上又弹回来，正好弹在牛长生的小肚子上，穿入牛长生的小肚子，然后由小肚子进入股动脉，把股动脉打断了。身上没有一滴血，血是出在腹腔里边，当时牛长生脸就白了，很快就没有知觉了。我正在楼上跟李根源开会，听见一声枪响，我们就把会散了，赶紧跑到现场。因为我是大夫，必须赶紧急救，我知道他一定会有出血，但是身上一滴血都没有，也没找着子弹。后来把他送到五堰医院，经过医院检查才知道，子弹是从小肚子阴毛地方打进去以后，没有出血点，子弹在腹腔里边打断了股动脉，血都出在腹腔里边了。当时我就赶紧拦上一辆车就又送到五堰医院，闯过封锁线相当的危险。跟 7212 部队也打了招呼，宋参谋护送，那阵叫武汉医学院五堰分院。送到那去以后，急诊科立即接手，他们是专业人员是专业内行，他们发现牛长生肚子里边的血都满了。当时条件下我没有注意肚子，给他做人工呼吸那阵已经不行了，到五堰分院一看腹腔内都是液体，然后他们顺着一找，找到枪眼了，就知道是打到动脉了，血都在腹腔里，没有办法了，救不了了，这个事儿就由其他人处理，我就又闯关，又回到周家沟总部，这时候已经注定是三条人命了。一是皮定道，二是牛长生，三是罗廷明，后来罗廷明到北京不久也去世了。我冒着巨大危险去二汽，随时有生命危险，结果还有三个鲜活的生命丧失，太残酷了！对方皮定道肯定是被我们的人打死了，到现在也不知道是谁打的，后来立案调查过，没有找到是谁。牛长生死了，是我们自己的枪走火打死的。这样形势形成双方犬牙交错，我们又把对方的头头除了一把手以外，二三把手都抓过来了。形势已经紧张到极点。

11 月 28 日对方组织第二次冲突，打死了皮定道，我们枪走火打死了牛长生。当时 7212 部队是军管部队，宋参谋是7212 部队的联络人，他们站在两派的中间，平息两派的激烈冲突。这就是 1127、1128 事件。死人是在 1128，形势急转直下也在 1128。1128 事件之后，穆怀亮表示认可他们这边不对，苗作新不认为自己是革联的，他认为自己是领导干部，是倾向于革联的，这样就把二人都给放了。李克复是带队的，是抓罗廷明的负责人，罗廷明又受了重伤，李克复就走不了，我们就把它交给了 7212 部队的宋参谋。这在当时，因为我们死了人伤了人，李克复是指挥者，当然有责任。红协的普通群众也不是吃素的，当时如果我们没有有力的措施，红协这一些人跟李克复一接触，李克复就会变成肉泥，活不了的。群众在那么愤怒的情况下，就得把对方头头打死，当时如果我没有控制住局面就得打死李和穆，对方也一定会死人。我考虑后果是很严重的，绝对不能让对方也死人。当初我跟李根源商量，一定要保护李克复，我把李克复藏到了山洞的地窖里边，让我们的王贵林、董文生在门口把着，大家都知道李克复是让我们给抓过来的，大家一定要打死李克复，给罗廷明报仇。事实上也正如我所预料的，不久，就从周家沟山上山下聚集了我们的几百人，各持镐把、铁锹，还有人扛着步枪，包围了驻地，喊打声喊杀声震耳欲聋。此时根源和我以及我的几位助手，真是豁出去了，也拿起了棍棒，制止自己人攻击李克复的人。当时我的工作就是一定要保护好李克复，同时也要保护好穆怀亮。穆怀亮他不是直接指挥抓罗廷明的负责人，所以对穆怀亮大家顶多是推推搡搡。但是穆怀亮也被打了，当时打得腿一拐一拐的，我们也还是对他们都保护了。苗作新没有挨打，因为他是领导干部，不是两派的直接负责人。1127、1128事件产生了这么多人命，一定会产生责任。由于我们保护好了李克复，他当时就跟我讲，他说杨大夫你救了我一命，我一定要报答你的，说了这句话他跟着宋参谋就走了。

后来李克复做的事情还是对得起我的，我第二次又被打倒的时候，李克复给我做证词还是比较正面的，没有说没有良心的话。我们工区是团的建制，在当时就升了一格。102-2团，下边工段是营的建制。李克复的夫人是开搅拌机的机工，当时两个人还没结婚。

总的情况是打派仗死了人，你说我革命，我说你革命，死了人就要承担责任。武斗一定要承担责任。这场战斗完了以后，到12月初，因为那个时候没法工作了，已经进入冬季了。当时北京通知湖北的人都回北京参加斗批改，我们这派的都回去，革联派的也要回去，该留守的有人留守。那个时候102指挥部就算是一个师的建制，下边工区是团的建制，再下边工段是营的建制。到 12 月份，李根源先回北京，我把这边的善后工作都妥善的安排好了以后，我和我那十几个战友也都又回到了北京。在湖北这一段的经历，对我肯定是不利的，因为我是实际的指挥人，我也知道要承担责任的。但是我坚信，在复杂的环境里我经受了考验，而没有作任何违法违纪的事情。回北京以后进入整顿，两派各自整顿，两派各自揪各自的"坏人"，当时军管会就是这么个口号，实际上就是向对方妥协。

我回来以后见到根源这个老好人，他没有受什么冲击。我们这边徐肖祥是卫生科的一个医务人员，南方人，他是红协里边二三把手的样子，一把手是王军。闫太真是尖刀连的连长，那阵各派手上都要有武装，文攻武卫。我们这派王军、徐肖祥就揪了我，把周家沟的责任不分双方对错就放在我的身上了，对方揪的是谁我不太清楚，好象也揪了一个人，但不是李克复。被揪出来就被专政。专政就是本派的人揭发本派的人，对方那派的人揭发你方没效，你本派的人只要揪出来了，两派就共同对待你。这个时候我第二次被专政，被本派的人专政，而且两派共同斗争。

再次流放

我在湖北周家沟红协这一段，我写了大量的文章，都有小报，小报一发出去两派都抢着看，为此我也得罪了不少的人。我回北京以后，有人说我在湖北是派性头头是领袖，对方就非常痛恨，就两派共斗之，对方没有揪出来的人，也不存在两派共同斗的问题，我们这派揪出来的是我，当然是两派共斗。把我揪出来以后，运动就算是高潮了，我在各个工区各个点游斗，皮肉之苦比第一次也不少。那个时候对方的人拉偏手的，假装主持正义的都有。其中我的两个同事，派性发动起来以后就六亲不认了，对我是拳脚相加，其厉害程度是无以复加的。当时在这种状况下，我仍坚持我没有任何错误。这样的斗争完全是皮肉斗争，军管会公然不干预，而本派的头头为了自保，对我的皮肉斗争他们也不管。当然我又被关起来了。这个时候张百发已经解放了，他已经成了湖北 102 工程指挥部第一分指挥部的指挥长。张百发那个时候已经没有任何问题了。我在湖北 1127 和 1128 打派仗的时候没见到张百发，回北京以后我被皮肉斗争的时候也没见着张百发。我已经又被隔离了，第二次进了牛棚，被审查，被专政了。那个时候军管会主任徐州的态度就大变了。徐州曾经跟我谈过一次话。从半步桥监狱领我出来，徐州说你还挺年轻，要好好学习，要跟着毛主席干革命，那时候他还支持造反派，这一次徐州就翻脸了，对我一脸秋霜，是铁面无情了，我这个时候是第二次享受到无产阶级专政的滋味。

对方那派的一把手应礼修，他是一个南方人，是技术人员。回到北京两派各自揪坏人，那边也报了，但军管会没有批准正式批斗，就是内部做检查。应礼修内部做检查，李克复也是内部做检查。

1967 年的 10 月份，我从北京到湖北到十堰，那时候就叫张家湾。中国第二汽车制造厂建设指挥部，那阵二汽对外还保密。我从湖北回来以后不久就被揪斗，我又被专政了。我回北京在家里休息几天，从三四月开始开批斗会了。一直斗到六月。批斗完了以后就集中学习交待问题。三建公司当时是双重的编制，在北京叫北京三建公司，到湖北就叫 102 指挥部第一分指挥部。北京这边六七月份就开始陆续的又往湖北调人了，要开始干活了，恢复建设。主要骨干还在北京学习，把两派捏到一块，然后到湖北搞建设去干活。大队人马大概是八九月份走的，我就留下了，留下来又进了黑帮小屋，这次黑帮小屋回到二工区了。此前我把家搬了，在文化大革命过程中，第一次揪斗之后，我全家都到了宝坻大白庄，不到一个月全家又都回来，回来以后住到了清河派出所对过。1967 年 1 月 17 日到了半步桥，由半步桥到 4 月 28 日就回到了家。然后就搬到了二工区本部的小营家属宿舍。

我的家搬到小营以后，离着清河毛纺厂就比较近了。二工区有十几栋工棚，就是工人干活住的地方，把工棚改成了家属宿舍，当时就给了我一间半房子，我就搬到那去住了。第二次打倒后又把我控制起来，一个比较稍微宽敞一点的房子。当时被控制的也不止我一个人，有好几个人，一个是打派仗的人，还有清理阶级队伍，历史上有一些事情的人，大概也有五六个人。其中有一个叫徐然的，这个人也是我这一派的，他是一个技术员，是东北人，他好像历史上有一点小问题。

抓起来以后，他跑了，看管这边又想各种办法，在煤炼油厂老玉米地里把他给抓回来，他为了减轻自己的皮肉之苦，就说是我让他跑的，说我是领袖，他跑的责任就推给我。总之他后来也给遣返了，带着他妈遣返到东北去了，以后就再也没有见到他。

我第二次流放，这次我家里人一个都没有动，就把我自己遣返走了，还是徐廷文干的事。这次遣返对我就不利了，我想再回北京就挺困难了。这次是军管会做的决定，不是派性做的决定，所以说我再想回来就比较困难。我一个人在大白庄生活了一段时间，大概是一年左右，参加当地的劳动。生产队找商家借给我一间房子，商家原来是跟我们家隔着几间房子的邻居，他家在前台，在东边，我家也在前台，在西边，我们住西边的第一家，商家是东边的第一家，中间只隔着三五户。我这次回大白庄就把我安排到商家的一间小厢房，有一个三四平米的土炕，我一个人就在这个地方住下了，当时让我劳动，也是挖河。平常就跟着大家一起种地，我被分配到四队，原来我家就在前台，四队就是前台，我回来又在前台，只不过我们原来的家现在变成了粮库。我在粮库的东边老商家住。老商家不错，他家有哥三个，老大在唐山工作，在家的哥俩跟我挺好的，当时他家还有两位长辈，是这哥仨的父亲和母亲。他家的老大在1976年唐山地震的时候被埋在地下了。好在他是一个人在唐山工作，他孩子老婆全都在大白庄，地震的时候我早就回到北京了。这个时候是1968年的年底，我在商家借了一间房子，现成的炉灶，有一口小锅我就自己做饭吃。当时粮食是有限的，给我供应的基本上是糠和麸子，红高粱糠和麦麸，有一点高粱面，有一点棒子面，到队上去领，基本上没有钱。我从家里出来时身上带一点钱不多，每天就是糠饽饽蘸辣蒜，把蒜砸了，搁上点盐，搁上水蘸着吃，相当艰苦。

当时跟我最好的是杨维全，跟我们家算是稍微远一点的本门，跟我算同辈，他是右派分子迁回老家。他是1945年抗日战争胜利以后，八路军扩充招兵，他就参军了。那个时候我对他还不是很熟，他家原来住在大西头，我们家住在东头的南台，他是在北台。跟他一起参军的，还有杨家不是很远的一个姐姐，当时叫小干三儿，这个人长得又干又瘦，跟着她爷爷一起过日子。她爷爷大家官称叫"老摇头"，那是一种什么病，头不断的摆，不能控制。杨维全参军以后还当了作家，写了《新事新办》，年纪大一点的人都看过，话剧评剧都有，小说也有。当然他还写过别的，他是河北省文联的专业作家，在衡水上班，娶的媳妇也是衡水的人。我这大嫂是衡水妇联的，两个人一个文联一个妇联。他因为什么言论给定成右派，定成右派加上文化大革命，他也被遣返。他原来是正科级干部，也得要遣回老家，送到原籍。他的夫人儿子都回来，我们在一起。文革结束后，维全得到平反，安排在宝坻区委党校当校长，级别是正处级。我们在一起的时候，能说到一起去，对问题的见解等等都能说到一起去。我跟我们家乡的人，平辈也好，晚辈也好都还不错。一些年轻人有的时候寂寞了，大喇叭广播一停止，大家就到我小屋那去，我给讲故事。讲故事对大家的吸引力还挺大，那阵就是康馎馎蘸辣蒜总是处于饥饿的状态，大家的关系还是不错的。

维全比我年长，早就参加革命了。我们对当前的形势，将来形势的看法基本上是一致，那个时候我极左的那一套还有，但是也受了挫折。在大白庄有两件事，应该说一说。我回大白庄以后也不能够跟正常群众在一起，因为我是军管会给我下的令回来的，这一次大队不能拿我当正常的群众对待，政治待遇必须要参加地、富、反、坏、右黑五类的队伍里边去学习。维全当地富组的学习组长，我当副组长。阶级斗争哪里都抓，地富反坏右的组里边都是老年人，有三个我家的哥哥，那个时候已经是七十岁的老人了，还有我家里的大伯父，就是我二祖父家里边的大儿子杨金和。大伯父也是从北京迁回到大白庄的。我大娘跟大伯，两个人一生没有生育。我们都是在一个组里学习。也还是要天天讲斗争，村里边两派也在斗，管我们黑帮组的刘继春，我们家的房子就是被他家占有了，占有以后国家要设粮库，因为我们家的房子最长最大，我们家的房子和钟英他们家的房子都归到粮库了，还有我二祖父家的房子，我们这三家的都是大瓦房，都归了粮库了。刘继春他们家村里又给了房，又给安置的。刘继春成了管我们的治安员，他当时就对这几个人要整，肯定他不整我，我是从外边回来的，也不整杨维全。要整人他就得通过组长整，这个时候我没有听维全的话，维全已经看透了，那个时候维全就跟我讲，毛的文化大革命是另外有归宿的。他的话我听，但是我不能全听，我还一直认为毛是无产阶级文化大革命，是反修防修，我还是信他的。我自己两次受挫折被流放，我肯定对文化大革命也有一些想法了，但是我总的趋势还是跟着大革命跟着毛走。维全跟我谈了不少，对我有影响，但我没有全听。这一次到黑帮组刘继春就一再跟我讲，要让吴永明交待问题。吴比我长一辈，七十多岁了，他的儿子吴克海跟我是同辈分的，吴克海他比我年长二十几岁，那个时候我七八岁六七岁在家读书的时候，他就总上我们家里去。现在要查吴永明跟吴克海的关系。吴克海后来当了还乡团，是反对共产党的。要查他的历史，跟吴永明挂钩，让吴永明交代这个事情，交待吴克海的下落。我这个时候没有听维全的，听他的我不参与批判吴永明就对了。那时刘继春让我对于吴永明搞变相体罚，让他站着，不允许坐着，让他交代等等。我那个时候态度是过激的，因为掌握会场的主要是刘继春。我对吴永明显然是过激了。我小的时候吴家还没有几户，一两户，等几十年以后吴家就是大户了，吴永明他儿子吴克海当过还乡团，但是吴永明下边的吴家人还都是贫下中农，他们不干了。吴家找了村里另外一派，那就是革委会里边的人了，突然把我又揪斗起来了，说我又说了什么，他们过来以后先是对我拳脚相加，然后就把我带到革委会里边，基本都是他那派的人，坐飞机、揪斗。

那一次斗了我好几天，我的远房侄子杨文汉也是大队书记，他们的势力在村里比李家、商家差一点。杨文汉他妈是我的嫂子，他们是贫农，杨文汉看不下去了，这就跟李福玉他们讲，如果再这样的话就不好收场了，他们出了气也就拉倒了。我在那个阶段受了皮肉之苦，对方找了一个什么词，收拾了我一顿。全国的形势很快发生了变化，根据两报一刊的社论，我符合返京落实政策的规定，我必须回北京落实政策。

在这个期间还发生一件事。我表兄就是尔王庄的李小峰，他在文革期间一直没有受多大冲击。他在解放后成立政协的时候，他是唐山专区政协委员，宝坻县当时归唐山专区管辖，还是有一定地位的。等到文化大革命的时候他也靠边站了，没有揪斗他，但是他什么职务都没有了，成了闲云野鹤了。他知道我回大白庄了，有一次从尔王庄到大白庄找我，他打听到我自己住一个小土炕上，那天他拿上酒，还带上点吃的，跟我竟夜长谈了许多新老见闻。整整谈了一宿，他躺在炕里边，我躺在炕外边，我们俩其中就说到了我在大唐庄子穿着一身国民党黄衣服给他丢脸，他就说那个时候我也是，你二姑就不应该让你去等等的，我们俩就把这件事说开了。他当时身体就不是很好，他有慢性病，他就对我托孤了。那时他的媳妇我的表嫂已经去世，他带着洪镇和两个儿子过日子，跟我有一点托孤的意思了。他说"我这身体不行了，你年轻你将来回北京（将来你肯定得回去，你不会长期在这儿的），你给洪镇张罗张罗"。那阵李洪镇还没结婚，她比我小两岁，我那阵都四个孩子了。另外就是他儿子鸿钊，他说你也要管一管，说一说。我的二表兄李玉朴离婚了，后来他们哥俩就一直在一起过，四表姐也跟他们一块过，三表姐嫁到东北哈尔滨。二表姐已经去世。我们两人长谈以后，他认为我肯定还得回北京，说运动收尾以后，他会回头看看的，肯定你要平反的，当时我维全大哥也是这么个看法。小峰表兄走了以后，我收到了母亲生病的消息。我母亲在我还没有受任何冲击的时候，在我家就病了，我知道她咳血，她不让我看见，她一咳嗽用纸一擦，我看见红的，我说您是不是咳血，她说不是，她说我这可能是嗓子破了，然后我又问，我妈她就不想再住我那了，她天津还有家，还有我妹妹，她就回天津了。我就几次写信，一定让她去看病，查一查。那个时候1965年我家住在人民大学，她是从那儿走的。我后来又搬一次家，又搬到清河，后来又搬到五号库，回来又搬到清河派出所对过，后来又搬到小营。我第二次被流放的时候，已经到了1968年的年末了。到冬天我妈那边就有病了，我是她儿子，她就通过我妹夫周明祥写信叫我到天津去看她，有她的信我就请假。我是被管制，一定要请假才能去天津看我妈，那阵我妈身体就已经极度衰竭了，一开始能坐起来，等我去的有十几天她就坐不起来了，她连说话都说不清楚了，语焉不详了。我想问她这个病是怎么回事，她已经说不清了。最后我找到给她看病的医院，才知道是脑癌，当时她人糊涂了，起不来了，我在那儿服侍有一个多月，我妈就去世了。我问了问给他治的大夫，说是肺癌脑转移。

　　然后我和妹妹、妹夫一起把我妈的丧事办妥，那时我妹妹已经跟天津化工厂的周明祥结婚了，已经有了老大和老二。把我妈的丧事处理完了，我回到大白庄。这个时候我父亲从玉田到大白庄来了一趟，给我带了一小口袋白薯干，在我那住了一宿，跟我讲：儿孙自有儿孙福，休为儿孙做马牛。当时我不好反驳，但是我不同意父亲的说法。他告诉我你已经这么苦了，你把自行车卖了，把手表也卖了，你得生活，孩子们也是这样，得要钱生活。那个时候我妹妹和妹夫资助我们，每个月给我妻子孩子们寄个三块五块钱，最多时寄十块钱。有的时候也给我寄五块钱，我妹妹、妹夫他们也是不富裕的，每个月还对我和妻儿都有资助。我父亲来了以后让我卖这卖那我是不赞成的，我父亲走了以后，就到了冬天了。我跟大队商量，我说我得回北京，我得要为我这事去落实政策。后来大队还都是支持了，大队整我的那帮人打了我一顿，解了恨就算完了。这样他们就同意了，同意我就回了家。我在大白庄子基本上就是用这样的方式告别了。在大白庄的时候，虽然我生活十分清苦，但我仍然是劳动能手。我身体确实不行了，因为没有粮食吃，我要去挖河是队上管饭，我吃饱饭是能干活的。吃高粱米煮饭对我伤害挺大的，我从那以后胃就坏了，吃了高粱米饭，我胃疼得就没办法，得趴在耕地的垅上用土顶住，这才比较舒服一点，那是相当受罪的。回到了北京几乎每时每刻全在战斗。

我回北京以后，三建公司和家属院对我继续实施专政。我们的居委会都是三建的人。我在三建当干部、当大夫，那些人对我都相当的尊重。这一次对我第二次专政，他们中的大部分人变了。我几乎不能回家，我到家没有一会的功夫，小脚侦缉队就三五个人找我，问你干什么来的，你是黑五类你不能回来。我回来时村里边给我开了证明，同意我来北京落实政策，他们看完了证明说不行，她们拿我的证明研究，没收了，然后就说，你还得走，你不能在家里待着。持续了好长时间。因为我住在院子的最尽头，把边，那个时候还没有后门，临街没有开门，我只能从他们大家的眼前走过，没有办法回避，所以我一进家门就有人报告，立刻就有人找我。那个阶段几乎就是斗争，家里没有安全，妻子是很同情我的，我回家还能吃一顿饱饭。那时没有别的办法，就得靠志同道合的朋友们互相支持。当时一个是赵澄，赵澄是北京市公安局办公室主任刘光仁的小舅，刘光仁比赵澄还年长几岁，赵澄他妈是刘光仁的外祖母。刘光仁是老冀东的，跟刘仁是一起共事的，那是老革命了。赵澄在1949年以前就在派出所当了所长，国民党时期的派出所的所长，当时说是刘光仁通过地下党关系让他打进去的，那么后来刘光仁挨整，组织就不承认赵澄是打入的了。赵澄也就从公安系统清出来到了建筑业，他跟我非常好，赵澄从年龄上计算，比我大一个辈份，比我父亲年纪还大。但是他跟我关系是最好的,他总是接济我,住的地方也是他接济我,吃饭他也接济我,粮票什么的都在接济我。

除此之外,我进入上访的队伍里,我找到建工局,建工局接待我,算是文革遗留的问题。跟我一起上访的就认识了很多人,其中有一位姓谢叫谢国宾,这个人是非常有革命性的,是湖南人。他也是被遣返了,也是回到北京来要求落实政策的,我们就熟悉了。我在家里待不住,在建工局这块等待解决问题就认识了谢。老谢是北京市建工局机械公司的,他家住在宣武区,我到他家里去过,他爱人叫徐桃园,他女儿我也认识,他爱人后来得肺癌,先于老谢就去世了。

等待解决问题要内查外调,这期间我连家都回不了,太痛苦了。在这种情况下,老谢就带着我,我们俩人从北京到了湖南。我们先到湖北羊楼司,在那个地方我们先挖山,挖山就是开荒了,然后又给人家打工,当建筑工,人家管饭。后来又从蒲圻到贺胜桥,我们俩人在那儿就给人家打工,拿挑子给人家挑肉,人家宰完了猪割成两半,一头搁一块挑一口猪给人家送过去,人家给工钱,基本上是流浪生活。等到北京有消息了,我们就再回北京去落实政策。这就是很长的一段不堪回首的往事。

陶然之光

到 1969 年快年底了,北京建工局解决不了问题,那个时候没有大的政策,谁也解决不了问题,我于是到陶然亭找到了中央文革设立的中共中央办公厅和国务院秘书厅联合接待站，那里专门有一个接待上访的机构，但是要想得到接待非常困难。我通过各种各样的办法终于被接待了，填了表交上去，等待接待。当时接待我这件事情的人姓胡，叫胡欣，是一个女军人，比我的年纪要大，我把情况讲清了以后她做了调查，找北京市建工局，找北京市其它的主管部门做了调查，调查以后，她认为我这个问题应该回单位解决。她请示以后就给我写了一封介绍信，她把介绍信让我看了，看完了以后她把我的所有材料装在一个很大的信封里，又把我的申诉材料和正式介绍信在上边写上中共中央办公厅、国务院秘书厅联合接待站公函，寄给中共湖北省委收。她把这个信和密封材料给了我，这就等于给了我一把上方宝剑，有了这个上方宝剑以后我就开始找张百发。在得到这份公函之前我找过百发一次，他那阵不在北京，他在湖北。他家我认识，他爱人王淑兰我也认识，王淑兰说："你来的正巧，百发正好回来，但是今天他走了，上东北出差去了，过几天他回来你来找他"。我等了几天，见到了百发，我跟他说了一下我要求落实政策，百发当时不是很热情，但是他还是很直率的。百发说你闹得够凶的，谁敢接受你的事？我们谁都知道你是当了替罪羊了，谁都清楚这个事儿，连军管会主任徐州都知道，说你得等机会。我就告诉他，我拿到了中共中央办公厅给我开的介绍信，信是用胶封上的。我说中央办公厅已经受理了，让我去湖北，我想跟你见个面，问问我怎么走。他说你有中央的信那就行了，你只要有这个介绍信，你就去吧。我回湖北找熊参谋长，熊参谋长是二汽建设指挥部的军代表，是武汉军区的参谋长，兼湖北省军区的司令。百发说现在熊心乐就在二汽办公，跟我非常熟。百发嘱咐我说，你到了二汽就找我，我就在张家湾一分指办公。听到百发表态，我一下就踏实了。回家来跟妻子说了这件事，她也高兴。街道上这帮人再找我，我也不怕了，我手里有中共中央的介绍信。我在家里准备点东西，家里给我拿了三块钱，那时三块钱就是一张绿色钞票，把这三块钱卷起来，卷完了以后放到牙膏皮里边，把钱当牙膏装起来，怕别人劫走，这是活命的钱。

炼枣阳

这样我就从北京几经转折到了湖北，先是找湖北省委办事组组长胡和珍，他又找二汽指挥部，找军代表，经过他联系沟通，我见到了原来的材料组组长高连甲，现在他在丹江接待站，他人是对立面的，是革联的。我去了必须得经过他，因为我拿着公函去的，他就必须得接待，住房吃饭他就都得管，一看我来了，他们都知道了，百发一回来就告诉他们了，说杨钟仁要过来，中央办公厅给他写了函，你们就得接待了。从丹江接待站高连甲给我找了车，直接送到十堰，那时就叫张家湾。我找百发不在，正好碰见了马玉山，马玉山那时候也被整了，也被人看着，没有自由了。马玉山知道百发在哪办公，告诉我怎么找。百发的工作人员知道这件事，对我说：你拿着介绍信去找谭宝善，谭宝善就是落实政策办公室的主任。我见到谭，把这材料交给他。本来应该让我到郧阳学习班，都是运动当中的问题，两派的人革联的应礼修、李克复都在，还有红协这边的王军、徐肖祥、李根源、马玉山都在郧阳学习班，离十堰还有几十公里。我应该到那去，结果没让我去，让我到了枣阳学习班，枣阳学习班都是有历史问题的人。三建公司的总工程师梅璋，副总工程师冉季骧，行政科长老张，还有技术科长老杜，这些人都到枣阳了，他们都是在历史上曾经为前政权服务过的专业和技术人员，都到那儿去过滤。三建公司有四五十个人，从北京一出发就没让他们去二汽工作，就到了枣阳，专门设立了一个枣阳学习班，我就到了枣阳。

到了枣阳我的情况就好多了，每个月有六块钱的生活费，跟大家住在一起，有单独的铺，所有的人都有工资，除了我以外都是有工资的，他们生活还是不错的。我每个月六块钱，我还想办法攒出两块来给家里边寄过去，我知道家里很苦，我就一个月用四块钱。在学习班大家都知道我，一个是我名声在外，凡是造反派这方面的，认为我做的都是对的。另外大家也觉得我太可怜了，有的时候他们喝酒，也请我跟着喝点，有的时候吃饭他们也分给我点饭，他们是自己买的，我也是自己买的，拿饭票买。说实在的，我干活是不惜力的。我当时是喂猪的，每天很早起床从学习班要走十公里到枣阳城，枣阳城有酒厂，每天我很早去排队，我拉着一个用大汽油桶截了两半的桶，上边安上小轱辘拉酒糟，每天早晨去，拉回来酒糟喂猪，中午还要去打猪草，打猪食就是打水草。枣阳那边水是比较多的，水挺深的，一米、两米、三米深的都有，水草在底下长，可以长到上边来，你要下水以后拿着镰刀扎个猛子下去，然后憋一口气把水草连根打了，打完了它就飘上来了，再把它捞起来，再拿小船拉回去，晒干了，跟酒糟粉碎一起喂猪。

这个阶段是非常辛苦的，但是我有了伙食费了，尽管很苦，我还是要攒出两块钱给家里寄去。早晨拉酒糟，中午天热乎一点，下水没问题，打猪草，中间再干活就是整理猪圈，把猪草粉碎。劳动强度是挺高的，当时的工会主席高庆耀也被送到学习班，他家是富农出身，他是我的师傅，我给他打下手，我听他的调遣。平常除了有时候找我了解情况，回答外调人员的问题之外，没有人找我，我就是在那劳动等候解决问题。

我在下水打水草的时候，让蚊子叮了，叮了就发了疟疾。发疟疾可是太难受了，冷起来打哆嗦，热起来一身大汗，脾也肿大了，都摸得出来了。后来经过治疗很快就好了，以后也没有落下后遗症。

在枣阳劳动到1972年底。我去枣阳的时候是1970年秋。1968年我母亲去世，然后我经过一年多的反复交涉，最后1969年末通过中央文革得到受理。军代表胡欣说，你到湖北有什么结果他们会报告我的，你放心去。我也觉得有了主心骨，跟百发见了面，得到了支持。

到了枣阳学习班，除了劳动以外，当然也还是要念报纸，参加政治学习，等待落实问题等等。到 1972 年年底，11 月左右，谭宝善到枣阳跟我谈话。谭原来是三建公司组织科的科长，跟我谈话，给我谈结论，如果同意我就签字，就是问我同意不同意这个结论。我当时就讲我不同意，武斗跟我没有任何责任关系，我只是犯了左的错误。说我参加了武斗指挥了武斗，我说这个不存在。我只参与了 1127 和 1128 的活动，但我是去救人的，我不是打架的，而且我不但没打架，我还保护了对方的苗作新，保护了李克复和穆怀亮。这样的话谭也落不下笔来，最后说我犯有极左的错误，就不用我签字了。说属于人民内部矛盾，从即日起恢复原来的工作，补发全部工资，几年的工资都要补发（后来经过了解谭还想在档案里给我写下三种人的痕迹，最终没有办到）。然后谭告诉我，你这么长时间了，回家看一看，跟家里边说一说，问题都解决了。谭跟我商量，你回家探完亲以后，直接就回到 102 二团，让我到罗章那去报到。这场激烈的斗争是从 1966 年初发动的文化革命开始，1972 年底正好是六年，我受了五年多的冲击，1972 年底正式平反了。有中央办公厅的文件，而且百发也跟熊心乐司令讲了，说杨钟仁就是替罪羊，两派斗争，把问题和责任都加在杨钟仁身上了。

1972 年底我回到了北京。回来以后本来一个多月我就应该再回湖北，结果 102 二团给我发一个通知，告诉我先不用回湖北了，因为形势有变化，二汽的建设告一段落，102 二团要撤回到北京，你就不用跑了，你在北京等候，北京二工区有留守处，你就在留守处工作就可以了。这样我在湖北的活动就全部结束了。我带着补发的工资，买了给妻子孩子的物品，很愉快的回到了家。

这帮带红箍的小脚侦缉队，一看我解决问题后回来，她们的态度就急忙转变了，立刻就叫杨大夫了，人心人脸都是皮。

归队

说到文革期间的前六年，两次受了挫折以后，基本上恢复了原来的待遇，但是那不叫平反，那叫落实政策。

我 1973 年初回到了北京。见到了二年多没见的妻子和孩子们，也迅速给妹妹和妹夫写了信。全家相见，那种激动的心情久久难以平静。想到妻子文秀和妹妹钟仪、妹夫明祥在这几年为我、为孩子们所付出的辛苦和眼泪，我也是沉默了，她们是为我付出，我要永远感激她们。

这个时候我突然听到一个耸人听闻的消息，我在湖北等候落实政策的时候，我过去的偶像、反胡风肃反时的难友赵许被他夫人举报，恶毒攻击林副主席。举报信有确凿的证据。赵立即在郧阳被捕，而且开了公审大会，是要判处死刑的。在等候执行的期间，传达了林彪叛逃事件，赵在虎口得以生还。此后赵的夫人与赵如何处理关系，一直没有听到下文。赵的夫人小李也是我们石家庄的同事，同龄人。

应该休息一个月再回到湖北 102-2 团，可是没有到一个月，三建公司援助湖北的任务已经完成了。这时我被当成二

等公民的处境已经结束，我跟大家的接触都恢复了。过去是
无产阶级的敌人，现在变成了无产阶级。恢复了和人的接触，
也就恢复了所有的信息。这时我听到了一个消息，湖北整个
三建公司的建制要回到北京，随着政策的不断放宽，中央一
些老干部也逐渐的解放了。当时我听得最多的，一个是跟张
百发有关的老干部，一个是跟李瑞环有关的老干部。跟张百
发有关的老干部就是老北京市的万里。张百发是北京三建的，
万里是当时北京市的副市长，主管城市建设，万里跟张百发
的关系很近，相互联系比较多。李瑞环和胡耀邦的关系比较
近，相互联系比较多。文革前胡耀邦是共青团中央的第一书
记，李瑞环是共青团不脱产的中央委员，他们之间的关系就
很深，当然这里边也有一些传说。

　　这一次是三建公司整个建制从湖北要回北京了，一些在
中央工作的老干部的子女受了家庭的牵连，也都发到外地了，
并不是随着老干部落实政策，子女就都能够回北京的。这时
有的老干部知道三建公司是从北京走的，现在要回来，赶紧
让自己的子女调到湖北二汽 102 指挥部，把档案关系转过去，
人不用过去，就只把档案空着过去，然后再把档案跟着回北
京。老干部为了把自己的子女调回北京，跟百发和瑞环联系
的比较多。李瑞环没有到湖北去，他就把老干部的要求都转
给百发，由百发再负责把这些老干部子女的档案转到湖北（那
时叫空中飞人），然后档案跟着一起回到北京。百发是很重义

气的人，他自己本身是受过冲击的，他对老干部受冲击也是
感同身受的。

　　这个时候杀出来一个猛张飞。来了一个还要再造反的罗
章，我们之前都是同事，我在保健站，他在保卫股，也是一般
的干部，当时的保卫股长调出了，罗虽然文化程度不高，却
被提拔了保卫股长，后来又当了党总支书记，成为科级干部。
我们这些人当时对他都不怎么看好。可是文化革命一开，他
首先出击宣布给我撤职罢官。到湖北以后他成了 102-2 团的
一把，成了革委会主任，又当了 102-2 的分指挥。等百发和
瑞环联系大量的老干部子女从湖北进京的时候，他就造反了。
因为万里还有他的老战友们，胡耀邦也有他的老战友们，都
要解决子女们通过湖北进京的问题。当时还有一个传说，说
胡耀邦在陕西被马文瑞排挤，他很苦恼也很危险，马文瑞是
陕西第一书记，他要整胡，胡是陕西省委第三书记，又是西
北局书记处的书记。马文瑞要整胡，胡进入危机状态，必须
要躲避，胡就回到北京。那时陕西的造反派已经起来了，造
反派组织叫红色红暴，派人到北京来追捕胡耀邦。那时胡就
想起来了，李瑞环是团中央的不脱产委员，李也讲义气，就
把胡耀邦引到了宝坻霍各庄李的家乡，把胡耀邦藏起来了。
后来周总理找胡耀邦，这才又回到北京。那阵胡还没有安排
工作，没听说怎么斗他。陕西省没追着胡，先是李瑞环把胡
放到宝坻霍各庄，后来又是总理叫回来。有这样一层关系，
胡、李就成了生死之交。瑞环有救驾之功，叫马踏淤泥救驾

之功。所以说上层的那种关系是非常密切的，这样成百人通过空中飞人到了北京。百发和瑞环给老干部帮了至关重要的大忙，这对他们二位以后的发展，是奠定了基础的。

罗章本来跟百发是一个派别的，都是革联体系的。不知道罗脑子上哪根筋没通，他当时就在湖北，就在熊司令那，他就要揭发检举空中飞人，因为瑞环没有去湖北，罗够不上，瑞环那个时候在北京已经安排了领导职务。百发一到二汽就安排领导职务了，当时一分指是县团级了。罗就在二汽找熊参谋长揭发检举，说空中飞人就是走后门。这样罗既得罪了百发，间接也得罪了瑞环，在百发的前途蒸蒸日上节节升高的情况下，罗就埋下了得罪百发的种子。罗章是自己找了个不自在。等到四五月份人们陆续从湖北回到北京，罗回到二工区当了革委会主任。二工区革委会仍然是两派，红协的一派，革联的一派，两派那时已经联合了，在湖北的时候，马玉山也是革委会的成员。我在枣阳解放了，马在郧阳也解放了，他恢复了领导职务，进入了革委会。罗、马这两个人当时叫罗马成群，都回到北京。回到北京以后，罗章仍然是一把手，是革委会主任，马玉山是二把手，是副主任。但是在斗智斗勇方面，论才华论能力方面，罗都在下风，都不如马。可是罗章肯干，特别能吃苦，当然也有不足，就是派性，现在来看人还算是正派的。

回到北京以后，我的工作一直落实不了，不能回到原岗位担任干部工作。我落实政策的结论有了，是 102 指挥部给的结论，做结论的机关层次是比较高的。但是到了北京，我的工作安置不了，我一直还在后勤部门劳动。因为安排不了，天天跟着后勤部门劳动，上上下下就有了议论。这时大队人马都从湖北回来了。百发在五道口工人俱乐部召开了一次二工区全体职工千人大会，在这次大会上百发不点名的批评了罗章，说杨钟仁早就作了结论了，以指挥部名义作的结论，应该立即恢复干部工作。可是有人派性不减，就是不安排杨钟仁的工作。这很明显就是不点名的批评罗章。这个会以后马玉山就找罗章，罗章没有办法，安排我回到医务室，这样我就是彻底的落实政策了。我感到百发还是站得高，同时也是对罗搞反后门的一种反感。

又折腾了这么一段以后，1972 年底 1973 年初回来经过一段蹉跎，我恢复了原来的职务和工作。当时我提出来，这么长时间业务荒废了，长时间离开本职工作，我要求给我一个学习的机会。当时正好建工局有指示，医务人员符合条件的可以到建工医院去进修，我就申请进修。罗章当时的表现让我感到意外，没有想到他同意我去建工医院进修。在讨论我能不能去进修的时候，当时马玉山不大愿意让我去，马说咱们人挺紧张的，能不能缓一缓，这是他们内部讨论。后来别人告诉我，罗当时也可能是出于另外一种想法同意让我走。那时的派性已经比较淡了，罗支持我去进修。他是一把手，通过了，这样我就有了再深造这么一个机会。

这个时候在湖北和北京，还有这么一个说法。高级干部们安排了自己的子女和朋友的子女。老干部通过湖北这条线把子女都带进了北京，这时候在群众中反响很大。当时反对走后门的呼声很高，那时专门有一个说法，叫反对走后门。后来毛主席专门有一个讲话，我记得很清楚，他说后门来的也不都是坏人，前门来的也不都是好人。毛这句话的影响是挺大的，这就是对走后门来的子女们给了个绿灯。对于刚解放的老干部是一种支持，所以那时反对走后门的左的味道就逐步的缓和了。

在建工医院和中医研究院进修

我 1974 年七八月到了建工医院，我是三建公司派的，还有一建公司、六建公司、二建公司都派去人了，一个公司有一个名额。我到了建工医院，医院组织一个进修大夫小组，我被安排为进修大夫小组的组长，对进修大夫负责联系工作，除医院的大夫以外，有些事要通过进修大夫小组，便于管理。所谓组长就是互相接触的多一些。我到了建工医院内科，我的指导老师姚庆祥是一个印尼华侨回国的，他是南方某个医学院毕业的，他也是南方人。内科主任是张佩文，乐荫棣是主任医师，两个女将。张佩文是英语通才，她是教会学校毕业，又考入上海医学院毕业的，跟乐荫棣是同班同学，又一起分到北京建工医院。她们两个人都在内科，张是主任，乐是主任医师。我是在乐的指导下学习工作。姚是我的指导老师，我是他带的进修大夫，他值二线班，我值一线班。到了医院不久，我跟乐大夫接触比较多，她给我指导也特别多，技术上的指导，手把手的教，像做骨穿刺、腰椎穿刺等等，做一些内科特殊的技术工作，给我的指导太重要了。姚大夫人也挺厚道，他对我也是挺放手的，我处理不了的问题总是找他，我能够处理的问题就不用他。

　　不久建工医院又分配了一批本院的大夫进来。有一位名叫刘永年，是姚大夫的同学，还有一个叫黄明延。刘永年是主治医生，黄明延是新分配来的住院医生。有一天刘永年找我，他也从侧面了解一点情况，知道我跟百发的关系，当然我没有对谁说过，但是有人知道了。刘永年找乐大夫，乐大夫是内科病房的主任医师，是领导内科所有医生的。我在内二病房。黄明延到建工医院安排工作以后，因为她也是内科，乐大夫就不让姚大夫带我了，说是让黄明延带我。黄明延到建工院才能够做住院医，她再早就是在部队的门诊医生。这事实上等于说让我来带黄明延。就是黄明延对医院的住院工作暂时是不熟悉的，让别人带黄明延，对黄明延来讲是不大合适的，都是同样的住院医，让本院大夫带她，对她显失尊严。让黄明延来带我，这是正合适，黄明延是住院医，我是进修医，她不熟悉的情况我熟悉。黄本科是北二医，右安门外第二医学院毕业的，理论知识还是坚实的，临床的经验主要是门诊的经验。这样跟黄明延夜班在一起，白班也在一起，就比较熟了。熟了以后她就跟我说了一件事儿，黄的父亲叫黄友凤，是一九二几年参加革命的，是井冈山的干部，曾经是朱德和毛泽东的机要秘书，后来就专门当毛的机要秘书。全国解放以后，她父亲就成了军委机要局的局长，后来就叫总参机要局的局长，评定军衔的时候是少将。她妈妈叫赵雪明，是外交部机要局的局长。他们家也刚刚得到解放，回北京以后安置在总参三所白纸坊，在招待所里住着。黄局长的孩子黄明明也回来了，黄明延也回来了。黄明延她爱人也是学医的，当时都在平顶山工作，她凭借着老爸的关系回到北京，但是黄明延的爱人没有能够回到北京。黄和刘永年以及乐大夫让我找找百发，把黄明延的爱人也调回北京。我这人好管闲事，我就同意了。我把她爱人的情况问了问，写了个纸条，就专门到百发家里去了一趟，我就把我知道的情况对百发说了一下。百发问了黄有凤的具体职务，他说你等一等，百发经过落实，不久就告诉我，让黄大夫的爱人到市人事局找程局长。那个时候百发已经是北京市的副市长了，这个事儿对百发来说就是游刃有余了。后来黄大夫和她爱人到市人事局找到程局长，她爱人马上就回来了，安排到建工医院的骨科工作。通过百发，黄大夫他们两口子团圆了，都到了建工医院。黄家是比较有良心的，黄友凤将军还特意到我家里去看一看，人还是挺厚道的。她妈妈赵雪明局长后来跟我也交往比较多。到了建工医院真是建立了一大堆关系，建工局系统的还有其他系统的一大堆关系建立起来之后，对我今后的工作是相当有利的。

　　我到建工医院进修就快到一年了，到了七八月份，人家就得给我做鉴定，不可能再留，因为局里规定进修就是一年。正在这个时候，我的一个病人老刘，他是建工局磨石厂的，他有风湿性心脏病，经常看病或者看急诊。尤其在急诊，每次他发作大部分时间都是赶上我抢救，这样就熟了，无话不谈。一次跟他聊天，他问我你在这儿学习完了，还想上别处学习吗？我说别处是哪儿？他说他爱人在中医研究院当食堂管理员，虽然地位不高，但是她认识的名人很多，尤其那些著名的中医老专家老教授他爱人都给特殊照顾。你要想去学中医她介绍一下就可以。我当然愿意去了，经过老刘和她爱人介绍，中医研究院那边就同意了。我立刻又跟二工区罗马二位再打请示报告，人家同意之后，我就进了中国中医的至高无上的学府中国中医研究院广安门医院。

　　1975 年 10 月我进入了中医研究院。10 月我到了中国中医研究院广安门医院，我在内科进修，第一步在门诊。当时的一些顶级专家，如北京的专家董德茂，说打磨厂的大夫董德茂，这是一句不好听的话，事实上董大夫确实是在前门打磨厂住。董德茂在北京的中医界，也是一个传人，四大名医是他的老师，有一定的名望。还有路志正，现在我在微信上还看到他的消息，他的精神状态还都不错，大概已经接近百岁了。还有冉先德，冉先德是院方给我的指定老师，他带我。冉先德的父亲冉雪峰，是南方的名医。总理出国访问疲劳过度发生休克的时候，是冉雪峰用中医的办法把总理抢救过来了，后来再就成了国务院的御医。冉从南方调到北京，安排到中医研究院，是高级专家，是现代的名医。当然还有段凤舞，稍微年轻一点，也算是专家。还有比较年轻一些的张大荣、徐承秋，这些中医界有一定名望的专家跟我很快就能合作共事了。

冉先德比较年轻，他大概比我小不了几岁，西医他不大精通。我没有系统地学过中医，硬要去进修。如果没有决心，没有恒心，那一定会让人家休回来的。我在1975年的七八月份在建工医院结束进修，到中医研究院进修，时间是十月份。中间空两个月，一个是跟黄明延学心电图这些比较新的技术，另外我就用快速法学中医，自己看书到深夜，背汤头，背歌诀，看中医经典著作。我每天坐公共汽车的时候，站那儿，一只手扶上面的吊环，一只手拿着小本本背汤头背歌诀。重要的是必须看中医著作，皇帝内经、伤寒论等等的，还有张锡纯著作衷中参西录等等，这些浅显解释中医的书籍，我就是快补猛补。这样我到十月份去上班的时候，人家说的一些名词术语我能听得懂，但是方子我是不会开的，你背了汤头歌诀也不行。我每天就是在冉先德的指导下，他是老师，我是徒弟，他说我记。看完病，号完脉，他给我讲，讲完了口述方子，他说我写，给人家开方，然后他审核完了由他签字。就这样，我很快就进入角色了。大概一个多月以后，冉先德就放手了，我可以独立接病人了，独立开方，开完方以后让他审看，他看完没问题了，他在方上再签个字就行了。不久就不用他签字了，我在中医研究院就有处方权了。

在门诊工作半年，然后我就轮到病房。当时我西医是可以的，一是我在北京医学院经过正式训练，参加过实验课，二我还在建工医院临床工作了一年，西医有了一定的基础。到中医研究院病房工作，在西医里边我就有基础了，中医研究院的西医都不是很精深的，最多搞一些中西医结合，医生基本上都是从中医学院里边学出来的。当时病房的主治大夫宁瑞盈，我们叫宁大姐也叫宁老师，她是病房的主治大夫，我到病房以后就成了她的主力了，我不但被授予独立处方权，我还可以讲讲病理生理学、药理学，因为我有自信，认为是准科班出身，所以宁大夫他们就比较看重我。

这个期间我抢救了一个病人，病人洽洽就是董德茂专家的夫人。她小肠吸收不良，后来有一段还有发生梗阻，这时她肠梗阻肠套叠综合症，产生休克，当时以我为主进行抢救，也请了外院的医生会诊，最终还是以我为主把老太太抢救过来了。董德茂大夫也经过其他医生讲解，知道他夫人的病是很凶险的，几度休克。由于抢救的及时，而且没有任何不良反应。董大夫非常高兴，由此他经常给我讲讲中医里边的经典，这就是一种友情了。

在中医研究院发生一件事情。黄明延的妈妈赵雪明，是外交部机要局的局长。那时正是 1976 年的八九月份，反击右倾翻案风很厉害了，矛头对准邓小平。1976 年的八九月份，反击右倾翻案风，外交部的斗争也是白热化了，赵雪明是机要局的局长，当时外交部的部长是乔冠华，乔冠华对赵雪明很压制，赵雪明的处境就非常困难了，没法再继续工作了。在她非常困难的情况下，黄明延对我说：你给我妈想个办法回避回避。我说最好的办法就是到中医研究院来住院，我把她收住院，开住院单。这样就把赵雪明收住院了。她的好几个部下来陪她，后来有的人就到中医研究院也学了中医。我给收住院之后，我就不在住院部了，又回到门诊。因为总理去世的时候就是一月，毛对总理去世，一没有悼词，二也没说什么好话。江青在总理生前和去世以后，反总理反得挺厉害，在总理去世后就形成了建国以来最大的政治事件。

丙辰清明事件

1976 年 1 月 8 日周恩来总理与世长辞，当时有如晴天霹雳。在红色世界里，1953 年 3 月斯大林去世引起中国人悲痛，有人为哭斯大林当场休克。后来的胡志明等人去世，中国人就没有这么悲痛了。这次周总理去世，是整个红色世界的巨大悲哀。人们自发地挂黑纱、戴白花，从心底里悼念总理。可是这时候在中国政坛上罕见地也是第一次出现了不同调。一方面邓小平和老干部哭的死去活来，另一方面，江青、张春桥等人没有一点悲伤，没有任何沉痛表示。更让人不能理解的是毛主席对周去世没有任何表示，不置一词，不滴一泪，不参加周的丧礼。这让所有的人对毛的万分崇敬大打折扣。

　　天安门十里长街，被挤得风雨不透，我都没有办法在长安街得到一席之地。为给总理送行我起得很早，可是仍然没有进入长安街。我到西单商场就不能前进了。后来从电视上看到十里长街为总理送行，实在是太感人了。这个时候，主席还健在，但是我和一些朋友就隐约感到中央是已经出事了，毛主席是支持江青她们的，对邓小平和老干部已经是开始批判了。这时候就开始为国家的未来揪心了。在揪心中过日子，每天在工作空闲还不敢说真话，但在人们的心里却是赞赏总理，支持邓小平的。在说假话中过日子，是太难受了。终于有了机会，清明节到了，要纪念革命先烈，总理就是最让人钦佩的先烈。于是，广大人群聚集在天安门广场，以纪念总理的名义，发出对江等人的不满。人越聚越多，花圈、诗词、悼词布满了天安门广场。纪念碑上置满了花圈、挽联、诗词。我几乎每天下班必去广场，抄写诗词，一起朗诵，喊口号。正在万众悲愤之时，首钢工人纠察队和警方开进广场，进行镇压。警方抢走了一切花圈、诗词和纪念物品，打伤人员无数，把纪念周总理当成了反革命事件。这就是历史上著名的丙辰清明镇压事件。

　　事件发生后，当局说邓小平是黑手，把邓控制起来了。我所在的广安门中医研究院也内查外调，找去广场的人和反江青的人。我只能沉默，以沉默换取了被抓。风向变了，总理去世前，党是统一的，毛主席一直是我们的神，自从总理去世，加上江青这些人的表演，尤其是主席的不公正，让人们空了心，也及时让大家觉醒了。

那时大家抬着花圈到天安门、到纪念碑去悼念总理，我就是那个人群里边最活跃的分子之一，我一下班就去天安门广场。没有不透风的篱笆，我在广安门医院的言论也都是支持总理的，支持邓小平的。这时我对毛就急剧的产生了看法。当时我虽然还没有反对他的意思，但是他在我的心目中就下了神坛了。对江青、张春桥这帮人大家都恨之入骨。所以我在广安门医院的表现，在九、十月份反击右倾翻案风达到高潮的时候，要批判邓小平，我是绝对不批的。学习的时候，我公开坚持正义，绝对不同意领导的意见。当时科主任张大荣，他们在会议上批评我，我就反对。在这种情况下他们就暗中找三建公司联系，要整我。二工区有人告诉我了，说中医研究院来了解你的情况了，要揪斗你，我一听情况不妙。正在中医研究院还没有下手的时候，毛主席就去世了。我借着这个机会就主动地离开了中医研究院。当时也没有办法取得业务鉴定，选择了放弃。我要回单位，悼念毛主席，这是最充分的理由。

十月阳光

毛主席去世之后，又发生了党的历史上的夺权。揪出四人帮，文化革命就应该是结束了。

在丙辰清明周总理受不公平对待的那个阶段，我是非常活跃的，那个时候我在中医研究院不在本单位工作，所以我也收集了不少的诗词，反江、反四人帮就公开化了。所以当时批邓反击右倾翻案风，我们很多人根本就不在乎。这种情况一直持续到毛主席去世。

毛公开支持四人帮，他就失去人心了，在天安门广场，人们写的诗词都挂在树上，或者是直接把大花圈放到英雄纪念碑上，我那时是非常活跃的人物，我反对四人帮的立场那时在广安门医院都已经公开暴露出来了，那时就开始有镇压措施了。清明时节北京市组织了棒子队，就是首钢工人拿着大镐把到天安门驱散这些集会的人，那时是相当激烈的。花圈都是用钢筋做的，开着大卡车送花圈，纪念总理，那是非常隆重的。等到形成镇压气候时，有一个小插曲。因为我和赵澄是忘年之交，他比我父亲的年龄还要大一些。开始镇压群众的时候，广安门医院也要采取措施，对我内查外调，要镇压我了，因为我的言论出格了，可是我还要为别人着想。当时赵澄告诉我，他说他外甥的儿子，在天安门那儿表现特别抢眼，分外活跃。刘光仁是赵澄的外甥，刘光仁是抗日时期刘仁的部下，文革开始时就靠边站了，已经不是市公安局办公室主任了，他也到天安门。刘光仁他儿子在广场的活动也非常活跃，他的活动被公安便衣照了相，就要抓捕他。因为都是公安系统的，刘光仁虽然解除职务了，但上下的消息还是比较灵通的。刘光仁告诉赵澄这件事，赵澄当时让我想办法找一个证明，证明刘光仁的儿子没有参与广场这件事。这时就需要我给帮忙，给他做一个证明，证明他当时生病住院。

那时候他已经躲到东北去了，我给写了证明，交给赵澄又交给刘光仁，因为都是同事，这个证明就被接受了，救了这个孩子。有了这证明他回北京后，就不再抓他了。后来这个孩子还跟我见了一次面，就说明那个时候也还是文革斗争十分激烈，那阵文革还没有结束。

我回到三建以后，忙着参加悼念毛主席，摆灵堂表示悲痛。不久四人帮被抓，大家又都兴高采烈，我们放鞭炮喝大酒，真是解放了，心情别提多痛快了。打倒四人帮以后，中医研究院也不调查我了，还给我补发了进修鉴定书。逐渐工作都走上正轨了。因为我从两个医院进修回来，在三建公司知名度很高了，原来反对我的人式微了，支持我的人越来越多了。我确实是提高了业务能力，提高了医术，人望随之也升高了。董调我们在文革起始的时候是对头，他整我，把我抓起来了，然后他自己也被赵作给抓起来了，后来也是受了很大的冲击。董调只受一次冲击，我是受了两次冲击。这时我们之间虽然恢复了工作关系，但还是没有同事之间那种亲密。董调突然得了肺脓疡，还是比较重型的，发烧咳脓痰，他在建工医院、在积水潭医院都看了，控制不住，发烧、发抖。这时我来给他治疗，我就用中医的办法，用超剂量的鱼腥草给他炖汤。他喝完了以后，很快就把脓都排出来了，烧也逐步的退下来了。董调感动得落泪了，我天天到他家里去给他出诊，他主动跟我握手言和，而且对于过去的事情也有一个正确的估量。我们之间由敌对成了兄弟，成了真正交心共事的好朋友。

赵作当时是文革的受益者，到了湖北，他女儿也参加了工作，由湖北又回到北京，当了三公司的团委副书记。赵作也病了，他是脑血栓，梗阻，也是挺厉害的，当时我给他用中医药治的，用补阳还五汤治好了他的中风。以后赵作对我表示深深的懊悔，跟我握手，半天不松开，这也是化敌为友了。赵作在革联那方面依然有影响力。通过赵作主动跟我改善关系，在三公司的领导层跟我之间也就逐步解冻，包括跟我最好的高敷伦副经理，还有财会班提拨起来的胡乃光副经理，当时的书记陈万福，陈万福走了以后，朱荫接班。朱荫当时也得了脑血管病，也是我用补阳还五汤给他纠正过来了。这样三公司领导层跟我的关系就算是大大地改善了，因此就有了好的人缘。高副经理在二区蹲点，对我的了解就多了。我把青霉素过敏的工人从鬼门关拉回来，把得黄疸休克的老边，亲自背到很远上救护车等等，他都看在眼里。他还把我的表现回到公司去汇报，朱荫书记还主动跟我谈话，这给我营造了一个更广阔的发展空间。当时我就同他商量要成立三建公司门诊部或者叫三建公司医院。因为建工医院陈院长、乐大夫跟我关系非同一般，挂一个建工医院三建分院的牌子，高敷伦很是同意。胡乃光主管卫生科，权衡轻重，他没有表示什么支持的意见。

最后公司领导层也没有表示意见。当时在三公司成立医院，我来负责，把每年的医药费亏损改为盈余，不再亏损，而且还保证家属看病不要钱。我要面向社会，面向社会挣的钱补贴家属。这个意见最终没有得到公司领导层的同意，因此，我想在三建公司做一番宏伟事业的雄心壮志就失败了，我就不能再在三公司工作了，我要寻求能够发挥自己理想的新天地。我就申请调到市农建总公司。

我在天津二建公司后来转到北京三建公司，从1952年7月1日到1984年7月1日共工作了三十二年，带着诸多的失败，也带着些许的成功，踏上了新的航道。这一离别，也是我向体制告别，也是另辟一条更艰险的去处。

第五章 渡江海

我于 1984 年 7 月 1 日正式调离著名的北京市第三建筑工程公司。说它是著名的，因为这个企业先后产生了国家正国级的领导人李瑞环，还成长了副部级、正局级的领导人。我从这个著名企业调入了另外一个企业北京新兴公司，全名是北京市农业建设总公司新兴建筑公司。我进入国有体制是 1952 年 7 月 1 日，经过整整三十二年，于 1984 年 7 月 1 日又进入体制内的另一个建筑企业。

我进入北京市农建总公司下属新兴公司是封克东全力促成的。封也是三建公司的干部，在公司技术科工作。他是河南人，很早就参加空军，后来转业到北京三建公司。我是在文革期间通过徐然（就是我二次流放前一同受难的那一位）认识了封克东。封为人仗义，他和他妻子周美蓉曾经给过我很大的帮助。封尤善于交际，在文革期间，他成了北京市革委会诸多领导的朋友。革委会副主任杨寿山、张亮、高扬文等人都把封当成重要的朋友，可以有事直接去各家推门就进，其中赵培之跟封的关系最为密切。赵培之任农建局书记兼局长时，封也调入农建。封跟我之间是敞开思想的，双方的三观彼此一致。他和赵培之交情很深。赵培之曾经是陈希同的入党介绍人，陈希同当时是派出所的警察，赵培之当时在北京市委工作，是他把陈希同吸收入党的，又是陈的入党介绍人。陈由警察升到派出所的所长，后来陈希同一路攀升到了北京市的市长。封克东跟赵培之之间联系很密切，封经常把市革委会的领导介绍给赵，封也是赵培之家里的常客。

　　我在三建组织医院没有成功，封克东把我失败的这个消息告诉了赵培之。赵培之刚进城的时候是北京市委负责人事工作的领导，后来就分到建工局，又由建工局，调到北京市人事局，再以后他就管农口。北京市的施工任务很重，一个建工局不能完成首都大建设的任务，又成立一个农建局。农村的建筑建设都由农建局管，城区的就由建工局管，后来发展的比较大了，建工局之外又分出来一个住宅建设公司。后来又有城建，就是铁道兵合并进来，再有中央机关中建公司也设了施工局，这样建筑力量就比较大了。赵培之就管北京农口建设，当时是农建局的局长兼书记。封克东跟赵培之的关系非常好，他就从三建公司调到了赵培之的属下，担任北京新兴建筑公司的副经理，是农建局的直属机构。当时赵培之还兼新兴建筑公司的经理。

　　封到农建的新兴公司先是担任三处的主任，后来升任副经理。我在北京三建组医院失败，封克东把这个情况跟赵培之讲了，赵培之当时就说你让杨过来，既然你对他那么了解，他能力也比较强，咱们在农建组织一个农建医院，跟建筑工人医院一样的，要比建工医院办得更好一些。

　　封克东为了支持我，在赵培之面前说了我很多优点，都是溢美之词，赵培之就让工作人员发调令，把我从北京三建公司调到农建总公司。这一天正好是1984年，调令上写的是7月1日，不知道怎么这么巧。我在天津调配处登记的时候，是1952年7月1日，这是1984年7月1日，调令就是这么写的。辞了三建的工作，拿上调令，到新兴建筑公司报到。我报到的那一天就没见着赵培之，后来封克东告诉我，说那一天正好是陈希同请赵培之还有赵培之的夫人，两口子都受陈希同的召见。当天陈希同做决定让赵培之移交农建总公司的一切工作，担任市长顾问。让赵培之把党委书记和农建局局长的工作分头交给两个人，书记交给赵峰，是农场局的，局长交给袁和胜，同时农建局的建制取消，改叫北京农建总公司。那时建工局也正在把建筑工程局改成建筑工程总公司。当时陈希同讲，从今天起，赵老你就是我陈希同的顾问，是重要顾问或者是首席顾问，当时就下了聘书，赵培之当时就交权了，北京市委组织部就下了任职和免职的通知。

我去报到的那一天，也正好是赵培之被解职的那一天，所以我报到那天，赵培之就不管事情了。我是为了成立农建职工医院去的新兴公司，可是赵培之被陈解职之后，他还没有跟各职能部门说我的事情，也没有形成办院决定和我的任职决定。因此，新接任的赵峰和袁和胜没有接手我的事。这样我报到函放在那了，但是没有给我分配工作。这件事情很不顺利，本来赵培之讲过一定要建一个超过建工医院的农建职工医院，当时资金支票都开了，那时五万块钱的支票就很不少了，让我置办一些急用的东西，然后就把鸭子桥（青年湖）办公楼腾出来办医院。赵培之免职以后，这些事情就没人再管了，我也就没有可能再办医院。

　　这就是命运乖舛为之奈何。建立三建医院我起草了计划方案、预算，结果没有成功。到农建想组建农建医院，农建的党委书记兼局长都已经同意了，结果局长书记又被免职了。这个是命运使然，这也是回天无力没有办法。没有分配工作，我连工资都没有，我人调过去了，调令放到那没有分配工作。在这种情况下，封克东通过赵澄想办法。赵澄那时已经是农建总公司铁木加工厂的厂长，他的办公地点就是现在的盘古大观，盘古大观就是占了他工厂的地方。那时封克东已经是新兴公司的副经理，分管铁木加工厂，要求赵澄，说你先把杨大夫的工作想办法安排一下，你得给他开工资。赵澄说你不用管了，这事我来办。这样我就在铁木加工厂那挂了个号。但是我不懂人家那的任何业务，买了个小急救箱，在那有个外伤的时候让我给处理，实际上一个月也没有什么事情可做。我不能给赵澄增加麻烦，我不能总在那待着白拿人家工资，我跟封克东谈，我是不能再回三建了，是不是你帮我再找一下别的关系。当时封克东说，我有一张营业执照，这是赵老批准给我特别办的，名称是新兴建筑装饰工程公司。那时都是国营的，法人代表就是封克东。那时建筑装饰公司没有资质要求，有营业执照就可以做这方面的工作。当时封就把营业执照给我了，我说你写个授权，他就写一个，又把公司公章和营业执照交给我，委托我当代理经理，因为法人代表是封克东的名字，这样我就拿着这张营业执照，我自己找工作人员，再去揽活。我没有一点专业知识，也没有经验，很难很难。必须有活还得有队伍，还得有技术人员，还得有材料管理等等，可这时我只有光杆一个人。这个时候我实际上已经离开了国有，离开了体制，我就进入了从体制内到体制外的大变局，虽然表面上说新兴是国营企业，但是我是编外人员，是封克东授权我做这件事情的。这一步就让我彻底改变了命运，真是"小舟从此逝，江海渡余生"。真正离开了体制。

舍医再创业

从 1984 年 7 月 1 日开始，我就离开了体制，进入了自寻职业，实际上就叫个体了。我在北京从体制内退到个体也是最早的。我通过关系找了两个人，一个小高一个小赵。这两个人给我找业务，就找到了四川饭店。那里有个小活，一万块钱的工作量。有一个饭店的小招待所，要做一个外墙的粉刷，工作量就是一万块钱。我找到老经理，法人代表楚老，是一个长征干部。具体的执行经理姓李，叫李鸿忠，他比我年纪要大个几岁。一谈挺好，就把这个活交给我了，我那时还没有队伍，也没有任何设备，把活揽了以后，我的一群忘年之交，我在三建当大夫认识的跟我交往的人，而且一直赞赏我的为人的人也是一大堆。三建那时就有好多退休的老工人，十几个，我一打招呼就都来了，做什么工作的都有，瓦工油工都有了，很快就组成了队伍。我虽然离开三建了，三建人缘还有，在三建又借了很多施工设备，什么推车、铁锹、钢木架等等的，很快的这个队伍也组成了，设备也找来了，那阵就号称是"三把铁锹闹革命"。很快，按照人家的要求，我们提前做完了工程。没等我们做完，李经理和楚老就认为我们这支队伍守信用，而且队伍的质量比较高，李鸿忠又跟我讲，说除了外装修以外，里边还有一些设备更新，还有前边饭店修理，又给五万块钱的工作量。我接活的时候是八九月份，到冬天工作全部完了，就剩余接近两万块钱，其中剩下一部分脚手管架，那是花钱买的。活完了以后工人不能散，还得给人一点生活费，好揽下一个活。

　　还有一段小故事，也是官场的一个花絮吧。有一天李鸿忠经理突然叫我，他说你的老领导张百发来我们四川饭店吃饭了，我们楚老亲自安排，你还不去见一见，我一听很高兴，立刻就闯到大包间。我一进去，坐着的人立刻全体起立，规规矩矩的站好向我微笑，我一看这些人全是我在三建公司时的领导，而且都是文革时期跟我不是一个派的，他们对我这么尊敬，让我感到意外。这次是百发请这些人吃饭，他们以为我是和百发一起来参加这次聚会的，他们认为我先到，百发可能就在我身后。我告诉他们，百发还没到，我是在这儿工作，李经理说你们在这，我特意看看你们，我没事。我这几句话，让这些人立刻放松，由不苟言笑变成了立刻坐下露出不屑一顾的神情。官场的嘴脸可见一斑。

　　在等候下一个活的时候，我和几位工作人员经常在封克东家中商议具体事项。正好这个时候下一个活来了。赵澄的一个朋友，后来通过赵澄跟我也成了朋友，这个人叫李文华，也是三建公司的，是机械队的一个干部，赵澄也是三建机械

队的，后来调到新兴公司。我是三建二工区的。这样就形成
了一个朋友链，李文华比我小一岁，人非常精明干练，他在
本行业里边应该是行业尖子。那时我和赵澄、封克东已经调
出三建公司，李文华还在三建机械队。但是他不管具体的事
了，他也在外边揽活，他在南二环天坛的南边老正兴饭店揽
了一个活，十七万的一个活，他没有队伍做不了。我这有整
个的队伍，有设备。文华就把工程拿来跟我合作。他立刻就
给我拿了七万块钱的现金，说这个活你把它做完就这么多钱，
行不行？我说行也得行，不行也得行，你让我干我就把他干
了吧。这样他净挣十万，我这边连开工资大概就是嘴顶嘴略
有富裕。两个活做完，从年底到下一年的年初了。这两个活
还正在干着的时候，我就开始运用我的关系找到了三建公司
原来的党委副书记现在的市旅游局基建处长黄炳文。黄炳文
是长征以后参加革命的延安干部，也算是参加革命很早的人，
进城以后安排到三建公司做党委副书记。我在三建公司的时
候，他分管宣传，我在宣传上写过一些东西，他很看重我，就
把我介绍到建工局，又由局里让我接触了市委宣传部。我跟
黄书记联系，他给我联系了一大堆他的同事和朋友，其中有
国务院机关事务管理局的副局长谢邦选，谢邦选跟黄炳文是
在延安时期的同事，黄是小灶管理员，谢邦选是黄炳文的上
级，在延安给中央管后勤的，黄炳文是管食堂的，是食堂管
理员。谢、黄是上下级关系，他们关系也比较深，而且进城后
一直保持联系。黄书记把谢邦选介绍给我。谢邦选又把他过

去的同事北京市经济委员会的副主任陈耳东介绍给我，陈耳东那时接近退休年龄了，他基本上除了到北京市经委报到以外，他就是游个泳健个身，年纪比较大。第二个就是田汉丁，田汉丁是北京市委贸财部的副部长。我从三建公司调出来，到农建碰了壁，封克东也是三建的，他跟黄书记也很熟。我又把李文华也介绍给黄书记，当时黄书记又让我把李文华介绍给谢、陈、田。

创建华大建筑公司

这样就由黄书记主持，通过谢、陈、田几位领导，在北京西城区成立一个公司。当时北京西城区政府管辖下的北京华大旅游贸易总公司，总公司当时的负责人赵连平，我们俩人一见面互相谈的都挺好，就在总公司名下成立了一个华大建筑工程公司，在华大旅游贸易总公司领导下算是一个二级公司，我是经理。华大的背景比较深，当时陈元是区委书记，李三友是组织部长，衣锡群是经委主任。这几位由于有陈耳东的关系，后来都跟我建立了一定的联系。如果我不离开西城华大，在西城的发展一定会更快更好。那时任志强也跟我见了面，答应合作，这是后话了。

李文华从三建公司调出来了，就和我一起合作，李文华担任副经理。李文华跟我说，你给我单独成立个公司，我把他介绍给黄书记，黄书记对李文华也认可，这样又在华大总公司名下成立一个华大工贸公司，李文华任经理。资金、人员都他自己筹，在我这担任的副经理职务他就婉辞了。然后在黄书记的指导下又成立一个华大建筑设计事务所，管工程设计的，当时由黄书记的夫人冯大姐代管，冯大姐是在职的干部。在华大总公司下面成立三个机构，这三个机构总的归我管理。后来我请示黄书记，调来一个姓朱的，那是我要求调的，因为华大公司得有党组织，所以当时就叫集体企业，没有给编制的集体企业。那是比国有企业降半格的，它也是公有制企业。这样通过黄书记也通过封克东把姓朱的调过来，朱原来是三建公司水电处的一个管组织的干事，后来调到了北京建工局的建筑研究所。那时为了建立党组织，就把朱调过来了。调过来以后让朱分管设计所，这样我、李文华、朱，我们基本上是一个小型的集团企业了。

很快由于田汉丁、陈耳东跟北京市委的关系，还有我跟张百发的关系，再有上边那么多领导干部，再有黄炳文黄书记的关系，水到渠成，一天就把华大建筑公司注册下来了，当时的建委副主任顾耀菊特批特办。两三天就把工贸公司和设计所都注册下来了。这样李文华给的老正兴的装修工程刚刚做完，我这边建筑公司也成立起来了，也把活揽着了。当时是陈耳东的关系，找了化工部基建局的黄局长，基建局有一个大基处，就是在大兴的基建工程处。大基处的处长孙志福通过黄局长跟我联系起来了，孙要建职工住宅，他的职工基本上都是外地调进来的，现在都在大兴，要想进城，建住宅，化工部给他八百万块钱的预算，谈好了以后，孙志福很豪爽，第二天八百万就打到我的账上了，我有了八百万，这就为一飞冲天做了充分的准备。

我立刻找了手扶拖拉机厂，要求合建宿舍，很快就开工了。除了孙志福在北京拖拉机厂建宿舍外，我又揽了很多工程，接着队伍就建起来了，成立了五个工程处。那时就承揽了四五万平米的工程，就正式垒起了炉灶。

飞蛾扑火

离开体制以后就进入自由竞争的世界了。先是华大总公司的下属，后来为了加快发展，脱离了西城区华大总公司，把公司整建制并入城区集体建筑总公司，更名为北京市城区第二建筑公司。当时城区总公司只有个城区一建，是我的老朋友杨品修任经理的公司，我进入后为城区二建。我在三建公司的老朋友隋日旭组成了城区三建公司。

建筑公司组成以后，通过陈耳东主任，我同化工部基建局大基处处长孙志福建立了工作关系。后来基建局派孙到大基处担任法定代表人。孙是东北人，比我年长十几岁，人非常干练，上层关系也相当广泛。经过陈耳东副主任的介绍，后边又有谢邦选、田汉丁，还有黄炳文诸多有背景的老同志来介绍，孙志福很果断，他要建城里边的住宅楼，他要给骨干成员在城里分配住房，更主要的他要给化工部基建局和各级干部分房子。当时中央企业在京建房是受限制、比较困难的。如果我公司能把孙志福住房这个事情做好了，孙在化工部的位置更不可撼动了。

　　我一见到孙志福就感到很亲切。他人很豪爽，双方一击掌就把协议签了，化工部的八百万就划过来了，我们的公司就牢牢的屹立在北京了。我们公司最初设在富建胡同，北京站对过，是很好的一个地方。公司成立以后，很快地我就联络了各界的朋友，除了以上几位老领导之外，我还找了许多过去的关系。公司成立的那一天大概是 1984 年 11 月 24 日，成立起来以后很快就招兵买马找任务。

　　第一个任务就是北京手扶拖拉机厂建住宅，当时基建科的科长叫胡彦文，就把手扶拖拉机厂一块多余的土地，还有废置的厂房拆除了以后，建两栋住宅楼，一栋是给手扶拖拉机厂职工的，他出地我出钱。还有一栋就是给大基处的，大基处出八百万元，一年以后得到六千平米职工住宅。接着我们又找了右安门项目，仍然给大基处。没有多久我们设立的五个分支机构，分别叫一处、二处、三处、四处、五处，当时还招进来一部分社会自己组织起来的队伍，招进来这些队伍以后对我就造成了重大危害。当时是没有预见的。

　　来的是李智林，做木板房工程，那时的木板房就是现在的简易房，同时也有一部分小的土建任务，千八百平米的也有十几个项目。他带来了一个书记，这个人姓姚，事后证明这个人是一个对我们的事业十分有害的人。当时我不是党员，姚是党员。为了使公司能够在党的领导下更健康的发展，我跟黄炳文请示以后，黄炳文还有以前封克东给我推荐过的一个人，此人姓朱，原在三建水电处作党总支干事，后来调到建工局的建筑研究所做保卫工作。在黄书记和封克东的推荐下，我就把这个人调过来了，我们成立的设计所，让他负责任，而且在公司担任党支部书记。

全面布局以后，工作开展的比较快。当时开工的已经有三万多平米，其中有右安门的任务，手扶拖拉机厂的任务，西城区的任务，621的任务等等。队伍扩张得很快，办公地点就不够用了，富建胡同是一个民宅的院子，有一位老人是民宅的房产主。这位老人一个人住一间房子，剩余的房子公司用，也不过五六间。用八百万，跟手扶拖拉机厂签定了协议之后，胡彦文那里空余的地方和房子都有富裕，就在德胜门外大街北太平庄，由胡彦文科长提供一个闲下来的大院，临街。队伍扩大以后非常需要管理人员。我1952年十五岁参加工作时的天津建筑工程公司王串场工地，工地的主任苏学勤也随天津公司到了北京，那时他已经退休了，辗转就跟我见了面。苏是我的老前辈，我非常尊敬他，跟他谈话以后他就担任了我们公司的总工程师。经过他又介绍了一些有高级职称的朋友进来，年龄都比我大很多，他们基本都是已经退休的老技术人员，有的是铁道部设计院的，有的是部队的，还有封克东介绍的建筑业过去的老人李汉臣，是水电处财务股的股长，退休了，他又介绍了夏振家等等，这样一弄很快的干部队伍也组织起来，专业队伍也组织起来了，施工和管理力量有了。除了苏学勤是过去自己望尘莫及的人，当年天津王串场的傅鸿宾也来了，是百发让他来找我。傅鸿宾在王串场的时候他也是苏学勤的属员，又是劳动模范。

1955 年反胡风和肃反运动的时候，有人揭发检举傅鸿宾，说他在东北国民党的军队里边当过国民党的军官，并且说还有罪行，这样傅鸿宾的劳动模范就被褫夺了，还判了刑，在大狱里蹲了几年。放出来以后他就没有工作了，他就得回家自己找事去了。我见到傅鸿宾是 1985 年年初了。我搬到手扶拖拉机厂办公，傅鸿宾去了，他回到三公司落实政策了，因为那个时候天津二建和北京三建合并了，合并了以后傅鸿宾是天津二建出的事，当然他得找天津二建，天津二建合并北京三建，他就找北京三建。后来他找了百发，百发是老劳模又是现在当权的，傅鸿宾是要落实政策的，他说我是当过军官，但我没有任何罪行，只是隐瞒了一段历史。这样的话也要等待落实政策。他毕竟是当过军官，就是处理过重，这次党员给恢复了，给他办理了退休。他这次带着一家进北京，他的孩子还是残疾，来了以后，由于是通过百发来的，而且我在 1952 年就跟他见过面，见面后是分外的亲切，我就把傅鸿宾留下了，而且让他担任第二工程处的主任。

当时的施工任务不断增加，在施面积很快达到十来万平米，年产值接近两千万了，当时公司的发展进入了快车道。公司的架子搭起来以后，迅速进入了快速发展期，是个蒸蒸日上的局面。我过去的老领导马玉山也来给我当顾问，因为在预算方面他是专家。还有谢邦选局长、陈耳东主任、田汉丁部长、黄炳文局长这些老同志都是顾问，给一定的车马费，报酬不多，每个月一百块钱。

由于有许多老领导帮助，公司发展不但速度加快了，质量也提高了。有一天办公室告诉我东方歌舞团著名表演艺术家王昆同志约我见面，是为他们团在亮马河的建设问题。这之前王昆的助手，也是王昆的先生周巍峙多年的老部下老工作人员名叫陈永年的，跟我见过几次面。陈永年负责东方歌舞团在亮马河建设项目的开发管理。陈愿意让我们公司介入这个项目的施工和疏通市主管部门的关系。陈请我两次去他家里会谈，当时他老伴还健在，两个公子已经接近成才，打入演艺界并占领高地已经是垂手可得的事情了。果然，几年之后他的大公子陈宝国成了著名演员，而他的二公子成了中国话剧院的院长。陈永年也是多才多艺，对城市建设的各项明规则和潜规则都胸有成竹、了如指掌。我把我的一个万能胶（交）式的工作人员配备给陈，推动亮马河项目。这一次王昆要跟我见面，是陈永年的建议。

谁都知道，王昆同志是国内无与伦比的表演艺术家，她的艺术成就在中国演艺界是屈指可数的。她是老红二代，她的叔叔是王鹤寿，是老的中纪委第二书记。她是在叔叔的帮助下在延安成长起来的著名艺术家。她和周部长（即周巍峙，曾任文化部代部长和全国文联主席）伉俪在文艺界有口皆碑。她在东方歌舞团桃李满天下，众多后起之秀大都得益于她的培养，她的雨露阳光。和王昆同志见面，是她委托我一件事。

　　她说她的一个小妹妹今天也来了，过一会儿和你一起见个面。她（小妹妹）受了一些委屈，不过现在她的处境已经有所改善。她叫陈LH。老杨同志，你看可以见她吗？我为王昆同志的平易近人所感动，我说咱们一起谈谈吧。这样她的小妹妹就和我见了面。

　　这位小妹妹其实也不小了。她和我同龄，都是属牛的。原来是北京供电部门的工作人员，由于党的政策好，她海外的至亲和她相见了，又资助她在北京投资。王昆同志说，老杨同志，希望你把她引入市有关部门，让她发挥才干，为国家做出贡献。我与陈谈过话，就同意了王昆同志的意见。

　　陈约我到她的家里再见面。她家住在北京站斜对过北京天象馆的两栋新建的高层住宅楼，她在两座楼内都有自己的住宅。她和我又谈了一些情况，说了东城区一个机关对她采取不当措施，迫使她产生过激行为，不过现在已经缓和，她在永丰公社有较多不动产，并且带我去永丰现场看过。这些不动产是可以继续投资的。她希望我介绍她认识市主管领导，支持她投资发展。我答应了她的要求，表示一定要把她介绍给市领导。她当即提出，要我把她妹妹安置在我们公司工作，最好能安置一个副经理位置，我同意了安置工作，但没有答应她任副经理。她还当即给我一吨油票，因为当时那是短缺品，我当时就没有客气。

　　这个时候陈只是有资金，还没有事业，当然也没有名望。后来，陈飞黄腾达，成了中国女企业家中的首富。这也是我兑现了王昆同志的嘱托，把陈介绍给了百发，百发不但支持了陈，给陈批了许多亮丽的项目，还把陈介绍给了更高级的领导同志。

由于企业发展过快，又由于对人员进入缺乏审查，导致我盲目攀高枝，本来就应该在华大总公司名下发展，仰仗西城区良好的人际关系资源，可是我贪图正规，结果是飞蛾奔火，投到了城区集体总公司刘振汉名下。

我们公司成立起来，很清楚写的是集体所有制的企业。是没有人投资的，就是我通过几位老领导跟大基处签了协议，人家给了八百万块钱的预付款，就用这个方式发展起来的。说实在的这个集体企业当时是没有职工股份的，只有我带来的股份。需要找一个好的靠山，当时就有人给我介绍，就找当时城区集体建筑工程总公司，总公司的总经理是刘振汉，原来是一建公司的党委副书记（是有劣迹记录，被公园便衣公安抓捕过的领导干部）。后来由于种种情况他就在一建公司待不下去了，就到北京市开发总公司，那是最早的房地产开发公司。他到那也没有得到安排，没有正式的职务，最后也还是通过老的关系，因为解放前他就认识一些干部，解放后就到建筑业工作了。后来通过上层关系，他成立了北京城区集体建筑总公司，招兵买马，第一个招的就是杨品修。杨品修跟黄炳文书记比较好，跟杨品修最好的是马四季。品修给马四季当过多年秘书，马四季后来由三建公司调任昌平县的县长，后来由昌平县调到农建总公司当副经理。品修从三建公司出来以后找黄书记，黄书记给他建立一个市旅游局所属的施工队，以后因为建筑业这些关系，他就跟刘振汉摽膀，成为集体建筑工程总公司的城区一建，我经过与刘振汉还有我多年的朋友梁少峰会谈，就进入了城区总公司，组建了城区二建，后边还有三建、四建、五建也纷至沓来。

这样组织起来以后，我觉得势力强大了心情很好。百发那时做手术，在建工医院住院，我去医院看过百发，看百发还挺神秘，当时正好是李保元也就是我那位北京玻璃厂的同事给百发看门当审查，他是把的第一道关。李保元我们是一起到北京市玻璃厂的，他是十八人的领队，我是副领队，最终他也没有留在玻璃厂，又回到了三建公司。我在这种情况下再见到他，我对他不是很看重了。跟百发见面以后，百发就批评我，但不是很严厉的，他就说：钟仁，你怎么能上他（指刘振汉）那去呢，刘振汉你又不是不了解他是什么人，你到他那去凶多吉少，如果你能想办法离开他最好。你要愿意的话，你可以到建委，你跟溪广志可以搭班。溪广志是市建委经营处的处长。他快到退休年龄了，你先到他那当副职。我对百发说，我已经到刘这了，先干一阵子再说吧。我没有听百发的忠告，悔之晚矣。

我到了城区总公司，政治部还给我发了任命，任命我城区二建经理（正处级），发了这么一个可笑的任命，因为城区总公司的设立根本就没有上级审批，是自封的局级单位，发这样的任命必须经市委城建工作部认可，总公司的任命是有点可笑。后来百发查处城区总公司，这个总公司是自封的，没有组织审批手续，这是违法，强制把刘振汉的公司注销了。

1984 年 11 月成立公司在富建胡同，1985 年 3 月初就搬到了德胜门外大街的北京手扶拖拉机厂院内，经过一年多的发展，又在 1986 年九月搬到了丰台区造甲村。除了建筑工程施工以外，我就开始买地搞房地产开发，当时不叫房地产开发，叫城建。当时市里有一个专门的机构叫统建办公室，后来又改称城建开发总公司，负责造房子给职工住。我那时候就考虑把建筑工程和买地建住宅结合起来这些事。搬到造甲村以后，造甲村大队张景玉自己建了一个丽华饭店，当时我就想把它买过来，连地带手续都拿过来。当时张景玉跟我谈话后就把工程交给了我，我给他前期支付的全部费用。这样我们的业务就从单纯施工变成了开发和施工一体化进行的全新模式了，公司的发展又上一个台阶。

王昆跟我认识以后，就确定了我们公司负责东方歌舞团的基建任务，请我找投资合作方。陈永年跟我合作也是非常愉快的，陈的年纪可能比王昆大一些，后来陈在他老伴去世之后得肺癌也去世了。跟王昆同志认识以后，她挺豪爽的，她主动提出来在她们歌舞团分配有富裕的房子，告诉陈永年说：给杨经理一套三居室的房子，他挺辛苦的，为我们跑事。当时就在东方歌舞团的住宅区里边给了我一套三居室。我家住远郊区清河，是一处工棚改造的平房，如果三居室给了我以后，我完全可以搬过去。但是我以公司利益为重，我觉得必须要感谢孙志福，他给了我八百万的工程，我就告诉孙志福，我说王昆同志给了我一套三居室，你先用。这也是我对孙的感谢。孙志福挺高兴，看了房子以后说：我安排一下就搬家，老杨我把我的平房给你。他的平房也很好，在朝阳门内南小街和王昆家斜对面，是三间大瓦房，还有两间耳房，那是相当排场的地方了。但是和楼房相比，还是楼房更有价值。把王昆的房给了孙志福，孙志福腾下来的房子，我仍然没去住，给我们居住最困难的职工赵敏，还有一个是从城区总公司介绍过来的技术干部，两个人分住这个房子，这都是无偿的。从此我就跟王昆同志建立了很好的关系，跟孙志福巩固了关系，还有我的两位工作人员受益以后，他会更好的做工作，当时我就是这么想的也是这么做的。

王昆再一次跟我讲，她说杨经理，你尽快找一下百发，请百发和我这个姐们见面，陈想通过市领导找土地投资。我说好，你放心吧。其实我已经把陈LH的情况跟百发说过了，百发不同意见陈。后来百发把他办公室的电话告诉我，那时是六位号码，是545454。他让我把这个号码告诉陈，一定要在固定时间，只能打一次，如果过了时间，百发就不接了。我告诉了陈LH，于是陈此后就得到了顺义项目的三千亩建设用地，得到了金宝街项目，甚至于还得到了天安门和北京饭店斜对过的东单体育场，现在建成了长安街的长安俱乐部。陈LH的儿子赵Y领着我到了长安俱乐部的八层楼，他对我说：这整个八层办公用房都是大领导的。不知大领导是谁。但我是到了八层的。陈现在是中国乃至世界知名的女企业家。那时她还请我到她在建国门天象馆的家中去做客、跳舞，还录了像。陈当了中国女首富之后，对百发十分感激，她请百发的师哥也是我的朋友孙双印在她公司工作，双印还特意让我去长安俱乐部见了陈的公子赵 Y，商请我们双方投资金宝街项目，由于我投鼠忌器，未敢造次。

公司从北京手扶拖拉机厂就是德胜门外搬到了丰台的造甲村。我在成立华大建筑公司的时候，通过五建公司的一个老朋友曹体信，从他手里转租了一块地，在朝阳区七棵树，曹体信在那块地上建了十余幢平房。后来老曹就把这个土地连房屋转让给我了，大概要二十万块钱，连房子带地，我在那设立了一个华建康复医院，因为我毕竟是学医的。我兼着院长，把王曼慧从三建公司调过来担任常务副院长，安排张燕平当副院长。

这时水电部建筑公司经理赵斌介绍一位南京军区的大夫丁大贤和我见了面。赵斌原是水电总局的正处级干部，是解放前参加工作的，文革前他就已经提为正处职了。文革当中他受了很大的挫折。当时李锐是水电总局的局长，水电部系统被打成有问题的第一人就是李锐，他受冲击特别厉害。受冲击的一些干部全部给弄到外地，赵斌跟李锐既是老上下级，又在文革中共同遭难。文革结束以后，他们都回到了北京，李锐安排到中组部，赵斌安排到水电部建筑公司。赵斌认识我，是他主动找到我，想把建筑公司跟我的公司合并。我们经常联系，赵斌的一个部下，是个副处长，娶了丁大贤，赵斌就又把丁大贤介绍给我。丁也是学医的，是南京军区医院的工作人员，她老公是南京军区一个部门的政委，俩人离异了。她带着孩子到了北京，很快嫁给了赵斌的同事。这位跟丁大贤新婚的老处长有三处住房，丁就有了家也有了工作。由于赵斌的关系，我就把她安排到康复医院。那个时候叫华建康复医院，丁大贤也当了副院长。丁大贤对于颠覆我起了十分关键的作用。

我搬到丰台以后，丁大贤有几个事情请示，我都给驳了。她请示的事情就是她要把医院通过上层关系，产生更大的利益，但是医院必须让她掌管。丁大贤活动能力比较强，她是党员，又有上层关系。她和当时公司的书记老朱结合起来，再加上另外几个过去绝对跟我同心同德的这些弟兄，他们当中有开车的司机，有长期休病号的人，到我们公司来以后都各尽其才，给他们安排了职务，有的担任了机械队的队长，有的担任了经营处的主任。由于我对丁大贤的要求不支持，于是她和这几个人就抱成了团。抱成团以后，他们跟刘振汉联起手来，刘振汉正好想排除我，安排他的亲信吕洪年当城区二建的经理，把我改任副经理。他们这些暗地的活动我有耳闻，当时并没有往心里边去。

丁大贤的活动没有停止，使我提高了警惕，从曹体信手里买这块土地和房屋就是为了成立医院。因为我是做了三十多年医务工作的人，总是想办一个医院。遇到曹体信等于遇到了一个机遇，当然我会当仁不让了。为此，我从三建调来了王曼慧当常务副院长，让张燕平当副院长。康复医院当时以精神康复为主，张燕平通过她的关系联系了朝阳区公安局的局长和治安科的科长，保驾护航。很快收治了精神科和其它科的病人，达到满员，业务兴旺。丁想担任院长，找上层关系，把医院变成以她为主的，不再收治精神病人的医院，医院由她和上边合作，变成城区集体总公司的下属医院。她很快就和刘振汉建立了个人关系，目的是让我把医院交给她，她和城区总公司刘振汉合作，名义是为了扩大业务，实际上就是利用上层关系，强压我对他屈服。对此，王曼慧、张燕平和其他工作人员都不同意丁大贤的主张，而华建康复医院就变成了我与城区总公司刘振汉维护公司权益的一场短兵相接的斗争。我被刘振汉罢免以后，不到半年，这个医院就被丁大贤、刘振汉以六百万元（约合现在六亿）转让给了朝阳医院，而其它财产，丁大贤用以成立了另一个医院。

公司被鲸吞，起诉陈希同

突然在 1986 年 11 月 19 日（俗称 1119 事件），刘振汉对我发难。他召集公司全体党员到城区总公司地下室开会，然后用党员的名义要求罢免我。刘振汉派他的连襟吕洪年到公司接替我的职务，我理所当然地不同意。当时完全跟我保持一致的，有良心的干部和工人，根本不让他们进公司的大门，吕洪年根本就进不了公司，形成对峙。当时这在北京市形成了一个非常著名的事件。这个事件今天虽然算是过去了，但是我认为这在中国改革开放史上应该有重要的负面意义。

在我不知情的情况下，刘振汉的城区集体总公司对我发动突然袭击，组织城区二建的全体党员，用全体党员的名义要求罢免我。公司党员参加会的人回来都跟我讲了详细情况。然后刘振汉根据城区二建"全体党员"的要求，对杨钟仁非法经营问题停职检查，任命吕洪年(刘振汉的连襟)为城区二建经理。

他们连夜在城区总公司的地下室开会(就在北京站旁)。然后刘振汉找我谈话，我当然不予理采。他让我去集体总公司谈话，因为他们开会的人已经跟我透露了，我不可能理他，后来刘振汉派张子晶，还有一个王处长到公司来找我，我把他们给轰出去了。我说你们没有资格跟我谈这些事情，我说你要找，就找能够解决这个问题的司法部门，我说我们跟你既没有财产联系也没有行政管辖关系，你总公司只是业务代管，这样双方的关系就破裂了。

由于双方争执不下，刘振汉就通过市建委副主任万嗣全向市政府写报告，经过张百发、陈希同召开城区二建问题会议，组成市政府城区二建问题调查组，有十八个局委办参加，还包括我也是成员。过了几天市调查组下来一个文件(文件一直没有给我)，仅仅是市建委来一个处长找我口头传达的文件，就是北京市政府就北京市城区二建违法经营问题组成调查组的通知。当时市属十八个部门，首先是建委牵头，调查组的组长是建委副主任万嗣全。大家后来都知道在组织亚运会的时候，他是组委会的负责人。那时他就是北京市建委的副主任，他原来是刘振汉的部下，刘振汉把他提拔起来的。万嗣全是调查城区二建问题的调查组长，副组长是市工商局的局长后来的北京市市长孟学农，底下还有各个有关部门，有市政府法制处叫张引的等等。这十八个部门，我见过的有那么几个部门，其他的只是听名字。其中城区二建自己也是调查组的成员，我的名字是最后一个，是让我自己调查我自己。这个调查组我不予接待，他们也进不来，这样他们就对我采取了行政措施。北京市工商局责成吊销我的营业执照，我的法人资格也没了，发了新营业执照，让吕洪年当了法定代表人。然后市政府下令找北京市丰台区公安局的局长，又找到了北京市检察院二分检的检察员给我发传票。丰台区公安局的局长开着警车抓我，我就回避了，我也不能再回家了，也不能再在单位了，工商执照也吊销了，传闻要把我抓起来。斗争白热化了，我只能离开公司，不能再在公司工作。刘少平在这之前几天正式调入公司，此时他选择站在我这边，坚定地支持我，他找了各种关系，联系了北京市所有有良心的机关和媒体。

这件事情的表面导火索是丁大贤要当医院的院长，当一把手。实质是她想把医院窃为己有，成为刘振汉和她的财产。因为我不支持她，而且批评了她，她串通组织了几个人，包括韩某原来是三建机械队的一个司机，是一个很听话的人，我说什么他就听什么，还有一个杨某某，也是原三建机械队的，也是很听话的一个人。这两个人都是三建机械队的，杨跟韩两个人是结拜兄弟，韩由司机到我这来当华大建筑公司机械处的主任。韩带着杨一起过来的。丁大贤和韩、杨，还有我请的支部书记朱某，这几个人就形成了一个关系网，当然是以朱为首，丁凭借自己有上层关系，接通跟城区总公司的关系。

这件事情有一个导火索。中国人民银行教育司司长方磊通过关系找到我，中国人民银行要在丰台区建立一个金融培训学院。方司长带着几个工作人员几次约我见面，不知道他通过什么关系找到我，说要我给他找地建设学院。我当时没有推辞，就应下来了。我之所以应下来，因为在丰台区我有较好的人脉关系。我跟有关部门多方联系，把方司长要在丰台区建立一个金融学院的消息告诉区领导。我就把当时养鸡场那块地方看准了，因为鸡场规模小，已经不成气候了，我就找到了当时的区长李英威。跟李英威联系了以后，李英威特别高兴，我等于给丰台区引资上项目，而且能把中国人民银行引到丰台区去，对李区长来讲是很大的支持。李英威是中学校长提拔起来的领导干部，人非常开明也非常精明。他很健谈，我们俩人一见如故。李英威说：老杨，你把你城区二建的经理职务交给我们区建委的邹主任，你们俩换个位，你到这儿来当建委主任，把城区二建的经理交出来给邹尚礼。

这是当着邹主任的面跟我说的，邹主任肯定是不乐意，但是他不能说不乐意。

方司长需要人民银行用鸡场这块地建中国金融学院，李英威就答应下来了。答应下来以后他说，我这边把情况了解清楚了，你让方司长他们屈驾到区政府谈一下，这样我就把两边都联系了，方司长也特别高兴，李英威也特别高兴，那天李举行宴会，我是李方他们的中间人。金融学院如果批准的话，建设任务肯定就得给我们公司。李英威在丰台区一个非常出名的地方举行宴会，招待方司长，由我作陪，我把我请来的书记朱某带去了，因为朱毕竟是支部书记，我们一起谈。吃饭以后正式会谈的时候，李英威就讲了，方司长你们是中央单位，我保证把地给你拿到手，但是这块地拿到手我要请示市政府，请示希同市长，你等一下我的请示报告上去，批回来就可以了。又说老杨负责给你们建，这个就没问题了。在这个时候朱就小声的跟我讲，说我牙疼得厉害，我得去看一下，我说你去吧。他走了我们继续谈，谈到结束的时候我下来找司机(我那阵就有专车了)，我和朱一个车，我们一起来的，中间朱牙疼，司机拉着朱先走了。我下来没有一会儿，司机是韩某的外甥小尹，这个孩子挺好的，回来就跟我说，朱书记没上医院，他上总公司了。小尹告诉我，朱把人民银行和丰台区建学院的事情告诉刘振汉，还说杨钟仁要"驾机起义"，要把城区二建从总公司拉到丰台区，总公司必须制止杨。朱跟韩是一伙的，自然外甥也跟他是一伙的，肯定不会在我这走风漏气的。没想到小尹这个人比较有正义感，回来就把情况全说了。说朱到总公司汇报去了，不是牙疼。对小尹给我提供的情况，我也没有觉得朱能引起什么重大的事，因为整个全局都在我的掌握之中。我太自信了，人有百密一疏，这次就吃了大亏。对这件事我没有警觉，因此他们经过几天策划，丁、韩这帮人又写书证又造证据等等，通过刘振汉就给我造成了致命的麻烦。当初刘振汉认为他拿下我是很容易的事，没想到我进行了剧烈的反抗。在我反抗的情况下，刘振汉就找了万嗣全。万嗣全在清华大学毕业以后，分配到一建公司，在入职体检时，我接待过他。他入职后必须先经过体力劳动，由一建的工人班组到三建去干活，我总能见到他，对他印象不好，他的形象也不好。他当工人时我曾经说过对他不太中听的话，这也是我的脾气。劳动锻炼以后，他恢复干部身份归刘振汉领导，刘振汉那时是党委副书记，万是技术科的技术员，是刘振汉的下级。

这个期间正好是中央跟台湾要搞统战关系，国共双方合作的温度正在上升。万嗣全是国民党行政院长严家淦的外孙。中央想跟台湾搞统战，那就是搞新的国共合作了，那时民进党还没有完全掌权，还是国民党单独掌权。为了跟台湾加强关系，组织上知道他是严家淦的外孙子，所以对万就突击提拔。由技术员提拔成技术科长，很快由技术科长跳过两级，直接到市建委当副主任，由正科一步到副局，成了百发的部下。这么一个关系，万嗣全百分百要支持刘振汉。这对我就空前不利了，万嗣全在我公司开会，我都录音了，我这录音资料如果没洗掉，还应该有。我把万嗣全驳的哑口无言，因为道理全在我这儿。他们给我编造的"错误"，无非是超范围经营，这是不存在的，即使存在，也是公司行为，跟公司法定代表人变更有何关系？在这种情况下，万嗣全他们就采取措施，找市检察院，公安局局长派警车找我，由一个检察员到我的家里贴通知，让我到公安局去报到，家里不了解情况，也都是心惊肉跳。把一个民事问题当成了刑事问题，这不是滥权废法吗？

就是在这种情况下，我就展开了大战部署。支持我的刘少平、张燕平、佟功涛、万正礼、李振和还有张继昌（张继昌是政工科的，在三建公司是原来老人事股的股长，退休以后到我这来的）。万正礼是空军转业的，也是从工业建筑公司到我这儿来的，担任政工科长。这时已经形成了对峙，我被迫躲在幕后。后来检察院找我找不着，佟功涛替我去了检察院，把情况都说完了，检察员让佟功涛带话，说你让你们杨经理来一下，你说的情况我都会向我们的上级做汇报。这样佟功涛陪着我到二分检去了一趟，跟检察员把情况说完了以后，检察员说找我不是要对你个人采取什么措施，是要把我们的调查结果和向市政府写的报告通知你一下。你的情况我们调查了，跟你们公司的职工也调查了，跟原三建公司也调查了，我们不能说你是两袖清风，但是我们觉得你在经济上是非常自律的，但是工作和工作方法上都是有一些问题的，任何人都会有一些问题，我们认为你没有经济问题，也没有违规违法的问题。我们已经向市主管部门写了报告，报告批回来以后，我们建议你恢复正常工作，其他的问题不存在，经济问题，还有违规违法的问题不存在，建议你恢复工作。这是检察员跟我说的，佟功涛陪我去的。

公安局长姓张，名字忘记了，后来他也没有脾气了。但是，这个时候我还是一不能在公司，二不能在家，我就和刘少平等同志在外交部招待所住起来。跟我共患难的这几个人，他们有的人还在城区二建上班，下班或者是出来就跟我通风，告诉我公司情况。当时给我支持最大的，能让我挺直胸膛跟他们对着干的就是中国很著名的一个人物，他叫李东民，在文化大革命的时候，他是小将，他爸爸叫李文霜，是老北京市二轻局的局长，也是战争时期参加革命的干部。李东民在文革中参加造反了，跟蒯大富、聂元梓、韩爱晶、王大宾跟他们齐名，那是大学红代会的四大领袖，李东民算中学红代会的司令。后来他当了北京市革命委员会的常委，他那个时候就是副市长级的干部了，那时候他才十八九岁的样子。等到跟我认识的时候，他已经被抓起来过一次了，那时候反对516，反对造反派，三种人就给抓起来了，抓起来审查，他没有其他的重要问题，没有任何处理。他出来以后，在邓小平最危难的时候，毛最后一次要打倒邓小平的时候，李东民在天安门城楼上用一整张纸写一个字，支持邓小平。那时吴德就说这是反动标语，吴就下令把他给抓起来了，他就是写支持邓小平工作，他敢在天安门城楼上贴标语，支持邓小平。后来邓小平恢复工作了，再抓李就不行了，还是给李东民平反了。平反以后他组织了一个中国社会事务调查所，他上边肯定有一大帮弟兄支持他。城区二建事件出现以后，刘少平找到了李东民，李东民带着一大堆弟兄就找到了我，我就把整个的事情都说清楚了，李东民通过内部刊物，经过陈小同给陈希同发了一份内部报告把我这件事情说清了。李东民的活动能力非常强，他把他的一些弟兄们，法律界的这些精英们，市司法局的还有中国法学会的会长老彭都调动起来了，北京市版权局的全部调动起来支持我。当时我也发了很多的公开信，用打字复印发给各政府机关，满城都知道这件事情了，尤其是北京市的建筑业。有的人正式的打电话表示支持，有的人说你这绝对不是第一个，这个是有代表性的问题，一些人要想办法把集体企业吃掉，然后肥他们自己。法律上这是灰暗地带，你已经带头，不能够让政府随意的对集体企业下手。

　　李东民连续关注这件事，他连续出了一期、二期、三期、多期内参。这件事情后来惹恼了陈希同，陈必须支持万嗣全，一要统一战线，二是市政府的权威。当时百发跟我的关系仍然是不错的，在陈希同发怒以后，他就不敢支持我了。因为毕竟他要听陈希同的。百发之所以进入北京市以后这么支持我，也是有原因的。我这个人知恩图报，我忘不了百发在我落难之时能够主持公道。我平反以后，从湖北回到北京，我就给人民日报写了一篇稿子。那个时候毛主席有一个说法，说对于反对自己，反对错了的人，也要给出路。我用我和百发我们之间的关系写了比较生动的一篇文章，我说我是反对张百发的，后来实践证明，我反对他是反对错了。而百发没有因为我反对他而报复，反而他为我落实政策尽力。我平反后百发不计前嫌。我写得比较生动的文章发到人民日报，人民日报在一篇报导中引用了这个材料，又把我写的全文发到人民日报内参上。那时百发还没有调到上级机关，我的这封信到了北京市委，北京市委就转到了建工局，当时建工局的党组书记、局长是杨冠飞，杨冠飞是张亮的部下，原是唐山的一个局长，通过张亮调到北京市来的。封克东跟张亮的关系非常好，封通过张亮就认识了杨冠飞，后来封克东也把杨冠飞的情况介绍给我。我给百发这封信通过市委转到杨冠飞，杨冠飞还打电话找我了解情况，我把跟百发的前前后后都讲了。没有多久，北京市建工局就把百发从三公司革命领导小组的副组长提到建工局，当党组副书记、革命领导小组副组长，那就是副局级了，由副处级一步就升到副局级了。

人民日报转发我的这篇内参同时也被国家建委知道了，谷牧同志决定提张百发为国家建委副主任，也叫革命领导小组副组长，跟谷牧在一起，那时候谷牧是国家建委的主任，就叫领导小组的组长。因为这件事他从内参上知道，又了解过杨冠飞。知道了这些情况，所以百发跟我联系就更多了。以前每年春节初三的时候大家都去百发家，过去三建公司他那帮铁杆弟兄都去。我是非嫡系里边唯一的一个。百发这个人说话挺随便的，在国家建委当副主任那段他很不得志，因为国家建委是知识分子成堆的地方，对百发这个工人出身又没有多少文化的人，很不尊重，他在那等于是坐冷板凳，工作不是很舒心。他跟我们几个人说，他说我在那工作实在是没兴趣，知识分子瞧不起我，他就说倪志福找过他，倪志福希望我到他那去。倪志福当时是中华全国总工会的主席，调张百发过去当副主席。百发说我就上全总吧。当时那帮哥们都认为应该，我是力排众议，我不同意他去全总的意见，我当时就跟百发讲，我说你到全国总工会你有专长吗？你搞过工人运动吗？你了解那里边的业务情况吗？你都不了解。我说你应该到北京市。你到北京市工作，我认为这是你的专长，尤其是北京市的建筑业，你是最专长的，你已经有领导身份了，我建议你跟万里同志联系一下。百发就采纳了我的意见，他就跟万里同志讲了在国家建委工作不如意，万里当时就告诉他说正好陈希同还要干部呢，我给你推荐，跟陈希同联系了，陈希同说欢迎，陈说您赶紧让他过来。张百发跟陈希同见面以后，就成了北京市主管城市建设的副市长。百发就没去全国总工会。

这一次万嗣全搞出这件事以后，百发本来应该是支持我的，但是陈希同必须支持万，这是国共合作大事，陈这么一表态，百发就绝对不能支持我。百发到北京市以后，跟陈希同关系非常近。陈去哪都要带着百发。百发跟我说过他跟陈的关系，我也给他出过主意。

　　他上任北京市副市长以后，我跟他提了一些建议。我说你得要对建筑业有点特殊的贡献，必须得能够让人家看重你才行。你有特殊贡献，你的专长是建筑业，你在建筑业得做出点贡献来。这个时候我就顺便把他跟罗章的情节就给解开了，罗章在湖北的时候反对走后门，对百发、对瑞环也是有不利影响的。百发不愿意理罗，也不愿意见他，罗章对我也有过支持，我这人也是这样，派性的时候我是反罗章的，但是我到建工医院去进修，那是罗章力主的，到中医研究院进修都是罗章支持的。我现在进修回来，在三建公司做出了很多成就，罗章也是买账的。百发当了北京市副市长的时候，我就提了，我说现在中日友好医院是北京市的一号重点工程，三建公司成立了中日友好医院工程指挥部，指挥部是让保卫科的科长小柴当总指挥。我说小柴这个人作风不正派，爷们群里没有他，娘们群里他是挑大梁。我说罗章在那当副指挥，肯定比小柴强多了。我刚跟百发说了没有几天，中日友好医院大基坑挖完了以后，突然一阵风把塔吊给刮倒了，塔吊掉到坑里了，把坑里的设备也砸了，索性还好没伤人。我给百发写了一封信，报告了此事，我说小柴不问正事。百发很快到现场调查，小柴对这件事负有责任，免职回三公司，由罗章主持中日友好医院建设工作。这样罗章就跟百发重新接上了关系。百发原谅他了。罗章很快就当了三公司的党委书记，不久又由三公司调到建工局，当了建工局的党委书记。后来因为工作劳累在任上殉职。

　　我跟百发是这样的关系。有一次陈希同点名说杨钟仁是不是造反派？百发点点头，陈说俩造反派，一个他、一个李东民俩都不是好东西，整！下了这么个令，成立工作组就整我。我当时通过李东民、郭力伟的关系找到了李银燕（后来改名叫李博伦），是市委副书记王大明的秘书。王大明原来是中宣部的副部长，因为有不同的意见，中宣部就把他调出来了，担任北京市的市委副书记，书记是李锡明。李银燕是王大明的秘书，后来就约我跟王大明见面，把我在城区二建的遭遇都讲了，王大明对陈希同的作法很不以为然，但当时对我并没有表示什么。王大明副书记当时是有名望的，在中宣部当副部长下来的，中宣部的副部长是正部级级别。所以把陈希同给顶住了，百发虽然那时不敢跟我见面，我约他几次要见面，不敢跟我见面，他说有事你上家里去，你跟淑兰说，当然了我也不能总跑人家里去说。王淑兰也在电话里说过，你们哥俩好好交交心。正在这个阶段，王昆同志知道我出事了，她就说杨经理我跟你拜托的陈LH那个事，你跟百发同志说了没有？我说还没来得及，我说本来他妹妹过来，我还没给安排工作，我们这儿就出事了。然后我对王昆同志说，我一定完成你的嘱托。然后我再一次给百发打了专用线电话（545454），那时我已经不方便见百发了。我在电话里再一次说了王昆同志的嘱托，要求他给王昆一个面子，见一下陈LH。百发答应了，让我把陈的电话告诉他，然后就不让我再介入此事。

那时本来李英威让我到丰台区建委工作，有一个更大的工程，那是万里工程，万里规划了一个大的项目，在丰台区实施，让我去协助做这件事情。由于出了事情我也没去成。我要去了丰台区，肯定城区二建我得带走。我凭空失去一个机会。

王大明介入我的问题以后，陈表示了妥协。我那个时候开了很多新闻发布会，所有的新闻媒体都支持我，让我必须恢复工作。在这种情况下，陈希同也很难再坚持。我曾经把问题反映到最高层，我的信通过葛运龙律师转给了彭真，那时彭真已经是人大常委会的委员长了，彭真在讲话的时候就提了，说北京市怎么会出现这样的事情，跟法治精神是格格不入的。彭真收到了信，在会上也谈了这件事，这是我的律师葛运龙回来告诉我的，他说如果有条件的时候，你再写个详细材料，专门给彭真，他说他有渠道。所以这件事情道理在我这边，但是权力在陈希同那边。因为当时有司法局这些关系，我就写了一个诉状，在第二中级人民法院诉北京市政府，北京市政府陈是法人代表，我是城区二建，我诉了他，他依靠权力硬行撤销我的法人营业执照。我的诉状二中院受理了，给我有受理通知书，等到后来闹得挺僵的时候，陈通过权力，二中院跟我说，让我撤诉、调解，当时我也没同意撤诉，二中院强行给我发个通知，撤销了受理的案件，总之这一段闹得是非常热闹。

我之所以有理而止步，唯一的原因就是万嗣全是严家淦的外孙。个人利益要给党的利益让路，如此而已！

进入中国管理科学研究院

我的营业执照被市工商局强行撤销，城区二建公司硬被万嗣全、刘振汉鲸吞，我的全部家底已被刘振汉洗劫一空。在这种情况下我就不能够再回城区二建。城区二建那个时候整个权力都已经稳固了，我已经无法再介入了。我那时要生存，已经更加坚定了自己找建设用地建房这样的想法。我通过张继昌找了陈立忠，陈立忠是铁道部信号公司的一个刚刚退休的处长。我就首次做了房地产的经纪，我在海淀区成立了一个北京市海淀区房地产经纪事务所，这在北京是第一家。当时让李汉臣担任法定代表人，我在幕后。后来我跟刘振汉的事情告一段落，我找了办公的地方，到了木樨地，全国总工会东边，21号楼。我去租房碰到了当时清华大学的一位教授霍俊，我跟霍教授谈了话，霍教授就很高兴的把半边楼的地下室租给我，我挺痛快的一次就把租金给他。他一看我这人这么畅快，接着就谈，谈完以后他说：老杨你到我这来吧，我这叫中国预测研究会，我是会长，你给我当助手，当秘书长，挂个副会长的衔。他说我这还有一个中国管理科学研究院预测研究所，你担任副所长，这一谈就成了。我的房租一次性给了霍俊，我又给他一些费用，那时我已经通过房地产中介有了收入，我把租金交霍以后，他就把我介绍给了中国管理科学研究院的院长田夫，田当时担任中国科协主席团成员，是副部级官员。

关于城区二建的事情基本上叙述完了。这里边要补充的就是城区二建事件是一个野蛮的掠夺，打着党的旗号，对民间企业对集体企业公然的掠夺。这种掠夺不但没有得到主管官员的制止，反而给予明的和暗的支持。

当时的国家领导人彭真曾经对这件事情表过态，由于陈希同的霸道，这件事情彭真也没有直接介入。城区二建事件，我认为在中国改革开放的初期，这是首发案件，也说明了党在法治方面的缺陷。如果城区二建在那个时候得到公平解决，可能对社会、对今后党的发展会是一个很大的促进。由于城区二建被鲸吞以后，后续还发生了一系列问题，这说明党在改革开放方面还存在短板。我想这是第一件事情，北京市政府的某些人打着党的旗号，对于民营企业、集体企业公然的掠夺鲸吞，而在法律上没有得到制止，反而是支持和纵容，至今也没有得到纠正。

到了 1990 年至 1991 年，北京市政府某些人还在想办法对我进行追击，虽然我已经离开了城区二建。我当时的企业资产是二千万，已经完全被城区集体总公司掠夺了。他们还不依不饶，带着检察院的两个检察官又到海南找我。城区总公司张子晶等二人，加上市检察院二人，一共是四个人，到海南，让我说明两笔开支的去向，这是滑天下之大稽。因为他们是检察院的官员，所以当时我就陪着检察院的官员从海口到深圳找这两笔开支的接受人，一个是空军二师的宋政委，还有一个是北京电子公司的财务负责人，这两笔钱是给他们的，因为我早就想做房地产开发，在他们手里得到了两块地，这是买这两块地的定金。到了深圳把所有问题都说清楚了。城区总公司的两个人，张子晶还有检察官，往返的费用都是我出，走时没有钱买票，还找我要钱买的票。检察官回来以后还跟我有一段联系，他们当时就表态了，说老杨你是清白的，我们看清楚了。检察官跟我说明了是市政府张百发派他们去的。我让他们出示文件，他们表示为难。后来检察官背着张子晶跟我表了态：你有问题我们带你回北京履行司法程序，你没问题我们回去汇报。总之这是一场严肃的政治问题，被城区刘振汉等人以政治流氓的手段执行了。这也是一出滑稽剧。我对城区二建被鲸吞的事件就是这样认定的。

现在我重点说明我离开体制后的第二站，就是中国管理科学研究院与我。

中国管理科学研究院与我。我想先说中国管理科学研究院。前边已经说过了，我被城区二建逼走以后，我要生存就设立了海淀房地产交易事务所。这在北京是首家，也是唯一的一家非官方的机构。开张以后，由于有张继昌、陈立忠、刘少平、张燕平、林强民、董乃田、赵连旭这些人的支持，很快就把房地产中介的业务开展起来了，并且很快掘到第一桶金，然后陆续的就有了积累。我在木樨地的 21 号楼租半栋地下室。有了积累，租了地下室，认识了清华大学的霍俊教授，由霍俊教授把我介绍给中国管理科学研究院田夫院长。田夫院长那时是两个职务，一个职务是中国科学技术协会，简称中国科协，书记处的书记，主席团成员，也是科协的副主席，这是官方身份，拿工资的身份。第二个身份就是中国管理科学研究院的院长，霍教授把我介绍给田夫院长以后，田夫院长对我还是比较赏识的。中国管理科学研究院那时经济上是比较拮据的，不宽裕，因为缺少国家投资，经常处于揭不开锅的状况。我在田夫院长的支持下成立了中国管理科学研究院城建经济研究所，在工商局注册了，中国管理科学研究院城建经济研究所是一个科研企业。

注册了研究所以后，就把房地产中介的业务纳入到了城建所的经营范围，同时还有一个职能，是中国管理科学研究院的组成单位之一。当时院里都发了正式文件，也有了工作级别。中国管理科学研究院对城建经济研究所和我有了任命和定位，这一步我走的是非常正确的。从城区二建被鲸吞以后，我有幸进入了中国管理科学研究院，实现了一个科研企业法人的体制。

现在我要说一下中国管理科学研究院的来龙去脉。现在中国管理科学研究院这个机构还有，但是减色了，跟原来定位以及宗旨不一样了。来龙我可以说，去脉说不太清楚。中国管理科学研究院是田夫同志呕心沥血设立的一个机构，是要赶超世界水平的。田夫是抗日战争期间参加革命的，他是河北人，参加革命时他十六七岁。参加革命以后他很快的进入了战争环境。解放后他是中国科学院机关党委的书记，后来他又调到清华大学，担任清华大学的党委副书记，以后他又回到了中国科学院。在担任中科院机关党委书记时他认识了于若木。于若木是陈云同志的夫人，在延安跟着陈云一路革命，她是中科院植物研究所的工作人员，由于文革受陈云同志的牵连，她备受打击。那时田夫同志对于若木给予好多支持和帮助，使她少受了一些打击，但是也不可能不受打击。文革结束以后，陈云同志解放了，就请田夫到家里去谈话。当然了于若木肯定要向陈云同志讲田夫在中科院是怎么工作的，对于受打击受排斥的这些同志田夫是怎么保护的。这些由于田夫同志做的比较好，得到了陈云同志的信任和赞许。我知道陈云同志专门给田夫一幅"万亩方塘一线开"的诗画作品，在诗画作品上提了一首诗。田夫把诗画作品和陈云的题诗都挂在家里，我带着我们的好多下属到田夫那请示工作，大家都看到陈云同志的题诗，是手书的。由于陈云同志对田夫的赞许，田夫就跟中国科协里边有一定改革思想的人聚在一起，就是想成立中国管理科学研究院，专门研究管理科学，赶超世界水平。田夫收集了资料，给陈云同志写了报告，那时陈云同志是最高权威之一，是政治局常委，后来又是中顾委的主任，一直是国家的主要领导人。第一代国家的主要领导人毛、刘、周、朱、陈、林、邓，陈不但在邓前边，还在林彪前边，后来林彪当了接班人。陈云在党内的威望和位置是比较高的，由于他不同意毛泽东那些胡吹六捧的东西，他表

示要说实话，不唯上不唯书。毛泽东冷落了陈云，让他坐了
冷板凳。发动文革，虽然没有对陈批斗，但是把陈云挂起来
了，不让他在北京待了。陈云这个人也有学问，也懂政治，尤
其是懂经济。田夫由于对于若木同志的关照，得到了陈云同
志的赞许。

当时田夫召集了自己能影响到的这些部下或者同事，写
了关于设立中国管理科学研究院的报告给陈云，陈云同志批
了，报告和批件我至今都保存着。那时我也参与了中国管理
科学研究院后期事件的处理，我后来当了中国管理科学研究
院的一段副院长兼秘书长，这些文件理所当然我都是要存档
的。

陈云同志批了以后，田夫同志按照批文的工作程序，中国
科委和财政部以及国家编委给了任务、拨款和编制，这样中
管院就设立起来了。设立起来后中国管理科学研究院须有一
个上级，谁来管呢？这个时候产生了一些事情。财政部给拨
款拨预算，科委设立机构，编办也给了编制，中国管理科学
研究院是体制的一部分。体制成立以后，田夫同志当时或以
后有一些想法。他不愿意受束缚，田夫同志提出来，中国管
理科学研究院不能找婆家，我们是民办公助单位，民办公助
这个词在当时中国的社会上，大家都知道，都有这么一个词
汇，我想这个词汇可能就是田夫同志发明的或者叫创造的。
民办公助就是办院是我自己办，国家给予帮助。

　　本来应该是科委管辖的在编单位，后来科委就没有接收。编办已经给了国有单位的编制，不好再说别的话。最终协调就是把中国管理科学研究院放在国务院发展研究中心管辖。后来由于田夫同志讲民办公助，国务院发展研究中心当时的主任是东北来的一位孙尚清同志，也是一个很著名的学者，他资历比田夫要差一大截，但是官阶是正部级。国务院发展研究中心是正部级单位，代管中国管理科学研究院，如果不是民办公助，纳入体制就是一个副部级单位，因为你不纳入体制这个级别就不好说了。这种情况下，田夫同志就同意把中国管理科学研究院放到国务院发展研究中心，成立了院机关党委，机关党委也是国务院发展研究中心的下级党委。

　　一段时间以后，田夫同志发挥了积极性，他当然想给陈云同志做出一点业绩来，他就在全国广泛快速发展，成立分支机构，其扩张很快。当时设立各省市的分院，中国管理科学研究院某某分院，省市一级的分院就几十个。然后又有各类研究所，有的研究所是和管理有关的，有的研究所跟管理没关，管理即是宏观的也是微观的。各行各业都需要管理，所以中国管理科学研究院在很短的时间之内，在全国挂上中国管理科学院的牌子，下边各类的研究所和分院二百多个。田夫没有精力对每一个机构都去考察和监管。当时的副院长、秘书长跟田夫说一下，就批一个，盖个中国管理科学研究院的章，拿到各省市地方这就是权威，这就可以注册事业单位。这样二百多个单位，很快就失控了。这些单位都没有资金，田夫也没有资金，田夫的办院经费由财政部拨了一部分，几十万块钱很快就没有了，就得靠自己创收。哪一个分院或者研究所成立起来以后，得给总院交管理费，这样来维持中国管理科学院的研究发展计划。由于发展的过快过猛，有些地方单位就打着中国管理科学研究院的旗号借钱，在地方政府、地方银行借钱，借了钱归还不了。成立的单位借完钱人就跑了，最终受害的是借钱的银行或机构。这些单位只能找中国管理科学研究院讨债，这样就经常遇到这种讨债的，田夫同志受到了很大干扰。

我进入中国管理科学研究院以后，我只是按照田夫同志的要求发展我的城建科研事业。城市建设也有规律，也有经济问题，也是要进行研究的。田夫同志很支持我。第一，我在阜新市以中国管理科学院的名义召开一个全国城市建设研讨会。当时阜新的市长还有书记劳力都给予支持。田夫同志作了讲话，建设部萧桐副部长也有讲话，还请了中共中央办公厅的副主任兼中共中央顾问委员会副秘书长郝盛琦参加研讨会。第二，田夫同志还和郝盛琦一起到深圳，我陪同他们跟李浩市长见面，研究在深圳设立中国管理科学研究院的机构。当时深圳大学的党委书记和校长罗征启，还有被任命为深圳大学人事处处长武书莲都支持田夫同志的工作。后来我又陪同田夫和郝盛琦到海南，到儋州。到海南热作两院，就是华南热带作物研究院，华南热带作物工程院，两院的院长是海南省人大常委会的黄副主任。这些活动都是郝盛琦副主任与田夫同志带着我一起作的。我了解的事情逐渐多了，田夫同志对我的支持也就更大了。由于田夫同志支持，使城建所发展很快，作为一个企业，其收入不断增加。

我进入中国管理科学研究院，使企业的发展发生了翻天覆地的变化，这些变化主要是有了田夫同志中管院这个平台才能发生的。具体说来，由于有中管院的平台，吸引了众多的积极因素。

一是联系了中央办公厅副主任、中顾委副秘书长郝盛琦。由于郝的支持和指导，打开了公司在阜新市、在深圳、在海南的工作关系。这也是我的亦友亦师的黄明延主任和她的父母黄友凤、赵雪明的支持。

二是田夫和郝盛琦支持，建立了建设部和我们的关系。两位副部长萧桐和杨慎以及办公厅主任李孟白，还有当时的城建司长、后来的北京副市长、建设部长汪光焘，对公司的学术研究和城市建设开发有良好的帮助。

三是和武警黄金部队建立了合作关系，和司令黄玉珩、政委朱智昌、胡笑云、丁春元四位将军建立了密切合作关系，使公司得到了良性发展。

四是和民主党派建立了良好的合作关系。中管院本身就吸收了许多民主党派人士，如冯之浚教授就是人大常委、民盟副主席。后来又与九三学社副主席安振东、秘书长刘荣汉进行合作，安振东是黑龙江省原副省长，后转任省人大副主任,又是全国政协常委。公司是在黑龙江省得到了许多帮助,又得到安省长在司法方面的支持。

五是在北京市得到了支持。百发再一次批准成立黄金部队的房地产开发公司,在北京取得征地资格,又同密云县政府建立了合作关系。

总之,没有田夫同志的支持力和影响力,公司得到快速形成规模的发展是不大可能的。

这时中国管理科学研究院遇到经济困难,我尽最大努力给予经济支援。研究所除了向院里交管理费以外,我还把院里的主要工作人员的工资纳入城建所预算。比如说赵洪洲副院长那时工资经常发不出去(赵洪洲现在已经去世,很年轻很可惜,这是一个非常棒的学者)。赵洪洲是中国管理科学研究院专业副院长,他专业研究管理科学,主要关于管理科学的著作、文章、给报纸、给杂志发的稿件基本上都是出自赵洪洲和蒋国华的手笔。那时蒋国华在中管院是兼职的科研人员,他有正式职业也有工资,但是他的夫人绳世荣在管理科学研究院的具体工作是财务人员,赵洪洲是副院长,他们几个人的工资都需要中管院支付,经过田夫同志同意,这笔预算就由城建所承担。

赵洪洲、绳世荣和人事部的人员就在黄金实业总公司发薪,工作在中国管理科学研究院。我对中国管理科学研究院的支持是尽心尽意、不慕虚名的。田夫同志对我的工作也十分重视和支持。公司整个建制进入了武警黄金部队,田夫同志作为我的入党介绍人之一给了我非常重要的帮助。田夫同志对我的了解是比较深的。但是也应该正视一些本该避免而没有避免的问题，这就是由于发展过快引发的挫折。

等到研究院出现发展过快、各项弊端不可控制的时候，告状信送到中国管理科学研究院，各地公检法的办案人员也进入了中国管理科学研究院，甚至于把封条贴到了中管院的大门上。

在这种情况下，就引起了国务院发展研究中心孙尚清主任的担忧，孙就跟田夫同志谈话，说田夫同志，您是我的老前辈，老领导，您给我一点空间，您是不是把发展的节凑放慢一点，作一个整顿，您发展的这些机构符合条件的留下，不符合条件就清除。这实际上就是等于委婉的批评田夫同志，孙的资格比田低，官阶比田高，孙不得不这么委婉。田夫院长当时接受不了孙的意见。田提出你如果觉得我给你添麻烦了你下个文件，让我另外再找一个单位去挂靠。经过了仔细的研究以后国务院研发中心发了一个正式公函。公函就是这么讲的，中国管理科学研究院是陈云同志批准设立的，建院以来取得了很大成就，但是由于体制是民办公助，有些问题不好解决。同意中国管理科学研究院党委在半年内将关系尽快转移，自找接收单位，管理科学研究院也要自己找上级单位。写了这么一个文件，这样中国管理科学研究院就不能说我的上级是国务院发展研究中心了，等于就没有上级单位了，找不到接收单位，中国管理科学研究院的工作就受到极大的限制。国内带中国字头的任何单位不归国家机关管辖，这百分百是不行的。就得赶紧找婆家，也就是找主管上级。找了多少单位，没有一个敢接收的。找过国家科委宋健他也不敢接，他认为情况复杂。宋说过：田夫同志资格很老，跟陈云同志的关系很深，我没有田夫同志能力强。我也见不到陈云同志的面。宋不敢接。国务院下属的政府机关也不敢接。

正在此时，有一个外地的司法机构到西城区法院办了手续，因为当时中国管理科学研究院办公地址在西城区，办了手续把封条贴到了中国管理科学研究院的大门上了。贴封条必须经过当地的司法部门同意，法院又把封条和通知贴到了田夫同志家。所以田夫同志觉得压力很大，就跟我讲，说钟仁你来处理一下这个事，你找一下西城区法院，通过法院把问题解决。我立刻就答应了。中国科学院有一个研究所，党委书记罗伟是中管院的副院长，他奉田院长指示跟我一起，由我担主责，罗伟和我一起找西城法院谈此事，法院让我先拿钱交给西城法院，然后再办其它手续。同时要求中管院必须在两个月之内把欠外地法院的款给还上。我去办，我必须盖中国管理科学研究院的章，我签字，这样就把这宗不愉快的事情处理完了。处理完此事，我就跟田夫同志讲，我说能不能咱们所有的研究所、研究院一律进行整顿，没有整顿之前不允许再发展，要冻结，不允许再有任何经济活动。田夫同志同意了，发了文，然后田夫同志又同意任命我为副院长兼秘书长，执行整顿和解决法律纠纷，解决院里的正常工作问题。

罗伟是田夫在中科院的老搭档，现在是中管院老的副院长，他已经从中国科学院退休了，他们这些科学家退休以后是不离岗的，退休不离岗，所以罗伟同志才能这样跟我一起来处理这些事儿，我必须把这个问题解决。当时的难题是：第一，田夫同志不愿意把中国管理科学研究院让别人管，他不愿意放弃职责。第二，他联系的一些同志，原来职务都很高，如人大常委会委员冯之浚等也不愿意插手。田夫同志想给中国管理科学研究院找上级单位，可是任何一个行政单位都不敢接中管院，中管院这二百多个单位太大了，谁都不敢接。在这种艰难的情况下，我跟罗伟商量了一下，我说我试一试，通过我的关系看看行不行，罗伟同意了，请示田夫，说让我为院里找上级主管单位试试看。当时公司有一位副总小于，她是由地质矿产部人事司调进来的，开始当办公室主任，后来当了副总。因为她本身就是学地质的，她同北京地质大学的党委书记毕孔璋有亲属关系。小于调过来担任办公室主任，也是毕孔璋找到黄金部队的总工程师老蒋，蒋总找我把小于调过来的。

中国管理科学研究院面临这样的难题，我就请小于约见了毕书记。我跟毕书记也把管理科学研究院的前前后后，还有陈云的批示文件等等都看了。看完了以后，毕书记说，我试一试，也可能行，也可能不行。如果行就跟田夫同志汇报，如果不行也就不要汇报了。我当然就同意了，我跟田院长汇报后，田院长也同意了，说试一试。

毕书记认识李瑞环当政协主席时候的政协秘书长朱训。这位秘书长是地矿部出来的，从地矿部调到全国政协秘书长的位置，最终没当上政协副主席。这位秘书长很能干，给李瑞环当了一届的秘书长。他答应了毕孔璋的要求，这位秘书长也跟胡锦涛、温家宝一样，是从很远的地质工作部门做出一定成绩，后来培养第三梯队，考察后备干部，当时毕孔璋是负责地矿部领导班子考察的，对这位今后的秘书长进行政治考察，还有业务考察，考察以后向部党组做汇报，汇报以后部党组认可了，就把这位后来的秘书长从偏远的一个地方调到北京地矿部，时间不长，就输送到政协，担任秘书长，跟胡温的机遇差不多。温家宝也是考察以后进了地矿部，没有多久到中央办公厅当了副主任，地矿部是出干部的地方。所以毕孔璋跟政协秘书长做了介绍，把我提供的所有的文字资料，包括田夫给陈云的报告，陈云同志的批示，还有国务院发展研究中心的通知，还有财政部的批件，还有编办的批件，还有国家科委的批件，这些东西我都收集齐了，经过大概一个多月反复考察。最终毕书记找我，说杨总我跟你讲一下，是这么决定的：中国管理科学研究院可以进入全国政协，进入全国政协科技委员会。中国管理科学研究院成为全国政协的一个机构，这是第一，可以进入。第二，进入以后，民办公助就取消了，完全是国家办、政协办、党办。第三，田夫同志是终身荣誉院长，不主持院务，只是荣誉院长。整个中管院的领导班子由政协科技委员会另行任命，田夫同志做终身荣誉院长，可以发给一定的办事津贴。杨总你可以跟着进去，安排什么职务我不知道。我老毕可能在中国管理科学研究院担任职务，什么职务也没跟我讲。毕就把这些情况跟我说了，我就跟田夫同志汇报，田夫同志一口就回绝了。他说钟仁咱们不能自取灭亡，咱们是陈云同志批准的单位，被人家一口吃进去了，这怎么行？这不行。这些事情罗伟和其他同志都知道，这些同志都愿意，因为他们作为一个退下来的同志，在中管院担任个顾问也就可以了。新的中管院肯定是国家办的，是中国人民政治协商会议科技委员会的下属的正式机构。田夫同志不同意用这种方式进入政协。为这件事情，田夫同志可能对我产生了误解。不久我们就分手了。

田夫同志当时有个说法，说我们要自力更生，有陈云同志支持，我们就要自力更生。田夫同志立刻采取措施，他找两个人，一个是人民日报退下来的理论部的主任卢继传，还有一个是中国科学院哪个所刚退下来的一位所长，让这两位冒着大雪在深夜到公司找我，让我退出中国管理科学研究院。前边你主持中管院的工作，田院长任命你为副院长和秘书长，现在让我们来接替这一摊。二位征求我的意见，我当时想，要轻易的交给这两位，百分百田夫同志还得受害，那个时候还有谁能帮助田院长？所以当时我就说，等我跟田院长谈一次话。这两位就在我办公室拿我的电话拨通了田夫同志的电

话，田夫同志就跟我讲，说这是院里决定的，你服从吧。当时
中国管理科学研究院的印鉴，还有一个办公室，一个管人事
的徐淑珍在我公司办公，印鉴和人事的东西全在徐那保护着，
他们要从我这拿走，他们给田夫打电话，田夫就直接跟我说
你必须交。当时我说田院长今天下雪不方便，雪停了以后我
去拜访您，我跟您具体谈，谈完了以后再定行不行？田院长
兜不住火，就很不冷静，最终就把电话给挂了。这个情况是
在我办公室发生的，当时办公室我的工作人员看不惯了，这
对我等于在逼宫，他们就一下子把卢继传他们俩的书包给扔
在门外的雪地上了，并且下了逐客令。这对二位正局级的客
人是一个刺激。我还批评工作人员，我说不能这样。我又跟
这两位道歉，这两位也是气哼哼的，到雪地上拿了自己的书
包，就走了，我还是送出去了，我说开车送他们，这两位拒绝
了。从那以后田夫同志跟我就不再往来。第二天，田夫又派
人去公司取印鉴，取保险箱，我再拦就不合适了。当时徐淑
珍是人事处的处长也跟着到了公司，田夫写一个条子，让我
一定要交出来，交给徐淑珍。其实所有的印鉴和办公用品全
在徐手里。这两个人就把东西拿走了，从此我跟中国管理科
学研究院跟田夫同志就不再往来了。

　　这就是中国管理科学研究院是怎么发展的，我跟中国管
理科学研究院是怎么工作的。如何能把中国管理科学研究院
把陈云同志的批示贯彻下去落实下去，跟田夫同志就有了不
同的意见，最终中管院还是民办。我最近了解到，中国管理

科学研究院由于没有主管上级没有合法性，被罗干同志批评。有人在香港注册了一个中国管理科学研究院，拿着香港中国管理科学研究院到北京办的分支机构，也叫中国管理科学研究院，不过已经不是原装，是香港的机构，这个机构还在进行活动。

有人用中国管理科学研究院这块牌子也做了一些商业的事，但是中国管理科学研究院一点利益也没得到。用中国管理科学研究院的名义把北京某个局党校的一块地拿过来，进行开发，建一栋大厦，那个是用中国管理科学研究院名义办下来的，中国管理科学研究院一点利益也没得到。

冯国定是中国管理科学研究院的副秘书长，后来是秘书长。赵洪洲、还有蒋国华和他的夫人绳世荣、还有几个人，都在我们公司有工作、有编制，冯国定还担任了总公司首任党委书记。因为到年龄冯早已退休。田夫院长因为我办了他不乐意的事，我长时间无法和他联系，我也不好意思去见他。后来冯国定找我，他说杨总咱们不管怎么讲，老领导咱们得去看一看，我说我当然愿意看田院长了，田夫同志有气难消，我去了他要不乐意见我多没面子，冯国定就说咱俩一块去。于是我们俩一块去了。田夫消瘦得挺厉害，我从侧面知道他是食道癌，他身体不太好，我跟他说什么话，他都没有多少兴趣，我也没法做自我检查。我在他家待了二十分钟左右，我就跟冯国定说，老冯你跟田院长再聊会儿天，我有事就告辞了。我说田院长您有什么事情您自管吩咐，虽然城建经济研究所撤销了，但是我永远是您的部下，永远是您发展我入党的。我的话没有引起田夫的兴致，田夫很冷淡，我告辞了。那一次告辞就是我和田夫同志的永诀。

不久以后他去世了，再不久他的老伴周老师也去世了。从此就没有跟田夫和田夫的家人再见面。

好了，关于中国管理科学研究院的前世今生，我就说到这儿。下一步说一下城建经济研究所，还有我们跟中国管理科学研究院的其他活动。

六月风吹下海南

我们城区二建被以刘振汉为首的城区集体建筑总公司鲸吞，使我失了业。从 1986 年 11 月 19 日开始，我就没有工资了，靠什么？一是家里边接济，二是必须另谋职业找生存出路。我没有工资还得干事，当时李汉臣是城区二建财务科的科长，夏振家是城区二建管设备的负责人，这两位以前都是三建退休的老同志，他们也被排斥了。此外，刘少平、张燕平、张继昌也被排斥了，这些人就都跟着我一起从城区二建被贬斥出来了。他们都没有了工资，吃了不少苦头，重新开始。张继昌是很积极的，陈立忠是铁道部信号公司的一个退休处长，就和我一起找房地产的中介资源。我成立了一个北京市海淀区房地产交易事务所。当时由于我跟城区二建正斗争得非常激烈，就由李汉臣担任了这个所的法定代表人。很快我们就利用这个所又成立了以张燕平为主任的大钟寺门诊部，这都是可以创收的。这两个机构成立以后，我就有了生活来源。

我有了收入就租房。我去预测所霍教授的地下室租了房，霍介绍我认识了田夫，然后进入中国管理科学研究院。1987年的七八月份，在丰台区成立了中国管理科学研究院城建经济研究所。城建经济研究所成立起来以后，所有的房地产中介业务全部都放在了研究所。研究所成立后，迅速打开了局面，在城区二建的我的子女们也进了新的机构。当时还成立了一个丰台房地产中介公司，由我的公子杨悦农担任法人代表，管南片，海淀的管北片，这样业务就做得风生水起，收入也是节节攀升。那时有约二十多个工作人员，在我这工作的人几乎每个人都给了一套房子，比如我儿子儿媳在德胜门外有一套房子，我的三女儿杨虚鸿在双榆树有一套房子，我在海淀南路有一套房子，我们家里的人基本上都有了房子，李汉臣在垡头给了一套房子，张琦敏在双井有一套房子，等等。大概有接近二十套房子。给了陈立忠两套房子，他是功臣，张继昌也给一套房子。真是风生水起，发展十分顺利。当然跟中国管理科学研究院跟田夫同志也都建立了非常好的关系。

这个时候我们就一边抓收入，一边抓科学研究。科学研究方面，我们跟建设部办公厅主任李梦白同志合作，编了城建经济学一书，这就是一门边缘科学。这本书是由李梦白同志主编，我挂了个名儿算副主编，实际上我没出多少力。马玉山还有当时市规划局的副局长朱云鹏，他们都是作者。当然稿费都是由公司支付，这本书是公开出版的，销售的情况不是很好，现在可能还有一些余下的书。又办了城建经济学杂志，每个月出版一期，大概出版了两年多，除了出版书籍和杂志进行科学研究以外，我们还开了研讨会，第一次就是在阜新开的中国管理科学研究院城建经济学研讨会，第二次是在海南，我跟田夫同志还有郝盛琦副主任，我们参观了海南热作两院。在洋浦召开了一次全国性的研讨会，叫海南洋浦开发区研讨会，引入了熊谷组（香港）介入。开研讨会时我病了，是孙文恩替我完成的。当时是以我的名义发起的，海南省政府、海南大学都支持和介入。由于八九六四，在北京度日艰难，我将城建经济研究所整个建制从北京调到海南，列入了海南省编委的编制，海南省主管科技的副省长辛叶江主管我们所的业务。我当时还担任中国管理科学研究院海南分院的副院长、秘书长，海南大学的党委书记李昌邦，是海南分院的院长，在那儿也开了研讨会，这是科学研究方面。

　　房地产业务方面，在北京通过中介方式积累了中介费用。我们从城区二建是光着屁股出来的，没有任何资金收入。当时我最好的一个大姐赵玉景（西城区委组织部干事，是杨成武夫人的本家妹妹，孙颖她妈妈），她出面找她的一个老同事，把存折拿出来，借了五千块钱，拿这五千块钱，我在南礼士路小学租了三间房子，就把业务开展起来了。五千块钱拿来以后，在那租房办公，客户就都来了，大概半个月左右就收入了十几万块钱，就把人家的五千块钱加利息加损失都还给人家。这是赵玉景大姐为我创造了发展机遇。此后就到了木樨地和霍俊教授见面，认识田夫院长。

我是 1992 年进入黄金部队的，到 1998 年底军企脱钩离开的。实际离开的时间应该是在 2000 年前后。进入黄金部队，我们就以为是进入体制了，事实上也还是名为军企、国企，实为挂靠，这个就是结局----你不用指望离开体制后还能回头！

进入三建公司肯定是在体制内，我离开三建公司以后，第一步就是成立了华大公司，后来叫城区二建。被市政府领导的一个机构即一个所谓的上级北京城区总公司给鲸吞了，整个企业、人员、财产全部被鲸吞了，这是一个最严重的违法事件。被鲸吞以后我就失业了，再就业就是离开城区二建，进入中国管理科学研究院，然后成立了城建经济研究所，由此又产生了两个企业，一个是在海淀区成立的房地产交易事务所和大钟寺诊所，在南边的丰台区又成立了一个房地产中介机构，这就是进入中管院之后在北京办的企业。进入中国管理科学研究院不久南迁到了海南，在海南成立了海南城建开发总公司，不久又从海南离开。成立海南城建开发总公司的时候，我兼着城建经济研究所和中管院海南分院的副院长和秘书长。当时在海南的交往是很多的，没有来得及全部讲透，以后讲重大事件的时候可以摘出来说一下。

返京进入黄金部队再创业

1992 年从海南回到北京，进入武警黄金部队，也就是说我今天要重点讲的。进入黄金部队，一共是六年，有一些成就，最后也还是跟体制无缘。从黄金部队出来，跟中房集团合并以后，突遭变故，我就申请离开中房集团，这样我又完全变成了自耕农，血管里边循环着自己的血液。黄金公司改制以后，就是正式告别了名义上的体制，以挂靠的名义求生存。过去在中国管理科学研究院也是挂靠，在黄金部队也是挂靠，在城区二建也是挂靠，主人都是别人，叫国有行政机构，国有企业机构，还是集体机构，主人都是别人，我们就是租用主人的工具给主人交租金，弄不好主人就不要租金把你给吃了。我把这个问题看透了，所以下一步对全部历史进行叙述的时候，我觉得就应该一针见血。这就是之前该说而没有说的原因。

现在就谈进出黄金部队。黄金部队全称叫中国人民武装警察部队黄金指挥部，简称叫武警黄金部队。它是一个军级单位，部队的首长都是副部级，它是行政事业单位，跟政府机关靠拢的时候，就是副部级，比如说黄金部队的司令，当时是国务院黄金局的局长，就是个副部级单位，大体就是这样。

我进入黄金部队是王成善引荐的。我跟王成善是因为建设部的渊源交往上的，是跟建设部还是多少有一些联系。王成善当时是建设部行政管理局还是办公厅下边行政处的一个处长，后来由于他在部里边有一些想法和看法，他再往上提拔，就没有可能了，所以他就离开了建设部，调到河南的南阳学院，是一个公办民助的机构，他在那当书记、副院长，在他还没离开建设部的时候，我们就有交往。他调到河南省南阳以后，我们有一段没来往。有一次我们又恢复了电话联系，我跟他讲，我说海南的情况非常凶险，我还是想回到北京，你要是方便的话，帮助我找一找单位。王成善正好要离开南阳，南阳那个学院级别比较低，就是个处级单位，待遇也比较低，工资也比较低，公助民办，而且也比较苦，所以他也想回北京。这样跟我就达成协议了，他找北京的武警黄金部队，把队伍整个带入黄金部队，同时也把他带过来，他也算我中国管理科学研究院城建经济研究所的一员。这样达成一致了，他很快就跟黄金部队管人事的处长丁春元联系上了。丁春元是山东人，人很直率，很热心。联系好了，我在王的引导下跟丁春元见了面，我把企业的前因后果都讲了，我当时的身份就是中国管理科学研究院城建经济研究所的所长，又是海南城建开发总公司的总经理，又是中国管理科学研究院海南分院的副院长、秘书长。跟丁谈话以后，丁挺高兴，说欢迎你来，你等我汇报一下，然后就做决定。当时就讲了条件，王成善跟我一起进部队，他现在在南阳，要随着我一起进部队。丁当时就答应了，这是王、我和丁三个人谈的，就是这样决定的。

　　丁跟指挥部的主任和政委报告此事，向两个人汇报完了以后，当时就引着我还有王成善跟黄玉珩黄主任见了面，黄主任挺高兴，也表示愿意接收。让我们把资料报一下，在哪个企业注册的，资产状况，下一步如何打算。我就写了一个资料，要求整个建制进入黄金部队。此时我无论如何必须得跟田夫同志汇报，我汇报了以后田夫同志表示支持，说你人进去，你研究所还要放在中国管理科学研究院，都谈好了。田夫同志表示赞赏和支持，黄金部队司令表示支持，当天虽然没有见政委，这实际上就没问题了。然后我整理资料，报我这边的财产、机构、人员清单，然后写一个协议，就是中国管理科学研究院城建经济研究所跟武警黄金部队经营管理办公室签订一个协议，这个协议是我起草，丁春元修改，最终是黄玉珩主任，后来又找了朱智昌政委，都认可了，这件事的主办人在部队里边就是丁春元，在中管院这边就是我。签协议的时候，司令和政委还有田院长都参加了，很隆重，签完协议以后，我们正式在部队有了建制，给我们发了军办企业许可证，海南的城建开发总公司就转让给了南京军区政治部，有偿转让海南的房屋和土地。

　　北京黄金实业总公司被定为局级，指挥部正式发了文件，还给我和王成善发了局级职务的任命。当时孟学农还没到北京市当市长，那时他调到北京市团市委当书记去了，但还挂着北京市工商局长。欧世芬是北京工商局的处长，经办此事。孟学农儿童的时候，王成善就认识他。所以很痛快把北京黄金实业总公司就注册下来了，接下来的发展就比较快。北京黄金实业总公司之后又注册了平顶山公司。平顶山公司是我通过中央党校的史秘书长，那时刘源刚提为河南省副省长，正在中央党校学习，史秘书长是田夫的朋友，是中央党校的副秘书长，老史直接找到刘源，刘源在我的申请报告上批了同意的字样，直接把我写的东西发到河南省政府去了。我到河南省政府就把刘源的批复，还有给平顶山市政府的文件，到平顶山就注册了公司。

注册了平顶山公司，同时又注册了济南公司，又注册了青岛公司，以后又注册了天津公司，还注册了珠海公司，还在上海市浦东区跟一个国营单位合作，他出地我出钱注册了合资公司，在北京又注册了一个经济研究所，还注册了集团性质的建筑公司、房地产公司、物业管理公司，这时从总公司改为集团公司的架构已经具备。总之黄金实业总公司事实上就是集团了，业务发展的比较顺利。当然后来由于资金、由于管理、由于要听指挥部的意见，发展还是有局限性的，主要是我思维的局限性，我不敢透支自身的力量，不敢胡吹六捧。

现在回忆，我当时如果不是跑马占地，而是把力量全放在北京，发展就比较坚实。我在进入黄金部队以后犯了两个错误，一个错误就是决策上的错误，太分散了，资金和管理都不能集中，拳头不是很硬，这是一个错误。事实上就是自身的能力有一定的局限性。第二，说是错误也可能是功劳，当时有很多机会，人家给我项目，钱都不用我拿，我当时就回避了。我必须量力而行，否则后果难料。我现在认为，我没有形成对于人民对于国家犯罪，就是我没有贪婪，如果我要是占了那些轻易到手的便宜，我估计法律就会找我算账的。比如说当时北京市政法口某二级局在职的一位局长，给我公司担任顾问。他要求我给他提供一辆豪华型的奔驰车。我考虑再三，就没有给他买，他就不高兴了，这是第一。第二个不高兴是，这位局长下边有一个卫生处的处长，是一个长得非常漂亮的女同志。每次我和这位局长活动的时候，局长都要这个女处长参加。她有点气指颐使，我十分看不惯。那时局长已经决定要把丰台区一个村庄的整块土地划给黄金部队，条件一个是给局长提供车，另外这位处长要参与这个项目。这件事情我觉得十分为难，尤其这位局长是司法部门的。一般的人像这种情况，一定认为这是多好的机会，想往上贴还来不及，你怎么会回避呢。我就考虑这件事情是不行的。我有一个没齿难忘的教训，我在前面已经提到过，我从农建总公司挂靠，我用人家的营业执照搞装修工程，后来三建公司机械队的李文华，我们是非常贴心的朋友，李文华得到一个十七万的工程，给我七万，他拿走十万，这十万就是他要得到的纯利润，他拿走了。这七万是我全部工程的工料费，最后是嘴顶嘴只落一个工资，没有利润了。我还给文华成立一个华大工贸公司。文华后来跟我有一些意见，因为建筑公司的事情我把关比较严。他对我应该是很信任，七万块钱甩给我，都不用我签字。文华跟我关系是挺好的，但是原则的问题我是不能够松口的，这种情况下文华我就算得罪了。当时水电部的一个建筑公司，赵斌的法人代表，赵是一个老牌处长了，解放前参加革命的。赵斌想拉着这个公司跟我合并，因为债权债务都是自己的，跟水电部投资没有关系，跟我合并想让他当书记，把公司合并过来。我当时就同意了，可是这时文华也想要这个公司。文华就跟赵斌谈，最终赵斌就说：老杨就看你的，你要，我就不给李文华，你要是不要，我就把这个公司给李文华。我不能让李文华不高兴，忍痛把赵斌的公司给了文华。公司给了李文华，就叫城区五建。我不能对不起李文华，所以水电部的建筑公司我就撒手了。李文华把这个公司收过来以后，赵斌就不愿意再担责任了，李文华当了法人代表，城区五建改组以后，李文华比我的能力要强，关系也比我多，年纪比我小一岁，文华对我也是非常好的。他夫人和孩子跟我的交往也是非常多的，因为这里边还有赵澄，我很珍惜我们之间的关系，但是我不能丧失原则。李文华当了城区五建经理以后，把师范大学工程包到手上了，北师大给城区五建预付款，文华找了一个女下属，然后跟这个下属两个人就用这些预付款到国外注册了公司，把钱打到国外去了，好像是五百万港币。我想个人关系再好也不行，共产党的原则，拳头是铁的，那阵还没有那么多腐败的事。文华和女下属已经到机场了，登上飞机就是自由天地了，这时城区总公司的刘振汉跟北京市公安局报了案，到机场把李文华给扣了，扣完了连那女下属都带回来了，女下属没有犯罪问题，她是工作人员没有抓，把文华抓了。由于文华在官场上没有经验，作为特殊审查，审他的时候，有录音直接通到市委领导人的办公室，一审问他就把所有的事往大处说，这就涉及了市政府主管城建的领导，还涉及了城建口的其他领导，包括建委的。文华说我不给他们钱，我能拿得到工程吗？他这么一连，连到上边好多人，市委领导就给一个暗示，办案人员就知道了。大概两个月从犯案到审，就把李文华给枪毙了。他的夫人和孩子到我家里去哭哭啼啼的。我也没有办法，我不能够管住李文华，李文华怎么判等等，我一丁点都管不了。所以当时我只能再找赵斌，让赵斌把李文华的闺女和儿子给安置了。他还有个五建，赵斌还是老经理，我只能做到这一点。有了这么严厉的教训，我对这位司法口的局长给的丰台区一个村庄的土地，这个大便宜，我是绝对不能要的。

所以说我有福气，就是我接受了这些教训，一分钱我都不占。比如说惠州，我的工作人员去惠州考察，回来告诉我说有地，我花了三百五十万，结果上了别人的当，根本就没有那块地，就是一张图。惠州的"地主"小陈到北京来，说的绘声绘色，非得上我们家里去，到我们家甩下一万块钱扭头就走了。我的工作人员跟我住在一起，也给他甩下一万块钱，这个工作人员就把这一万块钱留下了。我第二天把一万块钱交给财务处，让他们入账。这些方面必须非常小心，否则遗患无穷。那位司法口的局长后来又介绍我跟市老领导原王宪副市长的秘书见面，后来又约我跟原王宪副市长见面，还有北京农业银行的姚行长，都跟我介绍了。我觉得丰台区的开发用地跟他们镇上的、村里的利益攸关，要把这个拿过来，肯定这里边要有大动作，要给若干人，要给钱的，要给待遇的，尤其要给这位局长大量的私下利益。这种情况我不能够跟黄司令汇报，也不能够跟丁春元说，就在我这消化了。那么全部贪腐的责任不会因为我个人分文未得而无责，我反而会走上李文华的不归路。这位卫生处长将会引我葬身商海。我真要跟这位局长再往下走，我一定受他人控制，我搭了钱，搭了人情，最终我还要埋葬自己。这位局长跟东城区公安分局的政委关系不错，他一句话就能解决大问题，我们被骗的钱长久收不回来，政委一句话被骗的钱就收回来了。这更让我担心！把丰台区上千亩土地可以不花钱拿过来，走合建，用比较低的成本建了房子，卖出去给人家再分利，那是发大财的机会。但是我要发了财，一定会步李文华的后尘。

我在黄金部队这样一个大环境下，我必须在各个方面有警觉，这也是我进入黄金部队的另一个弱势：胆子不够大。我的另一个弱势就是往前走必须留余地。跟一些大的民营企业家比，像陕西的那位企业家现在到了美国，这位陕西人比我起步晚，但是他们比我聪明，也比我敢干，因此他们都起来了。我有这两条，就注定了我不能够发大财。我开发了房子，我都不愿意把它当成手段，去巧取豪夺，因为作事总得要对得住自己的良心，所以就成了自己的两个弱势。因此进了黄金部队以后，没有利用身份权势去发财。当时我也可以穿军装，至少给一个与年龄相应的军衔，那是没有问题的。和刘源一起从河南省调到北京的两位副省长之一的胡笑云原来是河南省的常务副省长，中原油田总指挥，因为与李长春矛盾爆发，被刘源保护当了黄金部队的政委，刘源当了水电部队的政委，二人同时穿上了少将衔的军装。后来黄金部队给我任命了，任命是比较含蓄的，我觉得我做得事情跟我的能力相适应，没有攫取上亿、上十亿、上百亿的不义之财。一是我觉得我有良心，有机会没那么做，二是我决策上有失误，也没有那么大的能力。

关于进入黄金部队，我基本上把情况都摆出来了，王成善到美国访问，他自己又成立一个协会，这都是公司资助，工资也是公司发，奖金也是公司发，王成善为企业做了这么大贡献，我不会不记着人家。当时王成善应该当黄金公司的党委书记，但是由于田夫同志跟我说，要让冯国定到我公司来，赵洪洲他们也要在这拿工资，这样就确定冯国定当了黄金公司第一任党委书记。我也觉得对不起王成善，但是后来王成善离开了公司正式进入黄金部队的编制，现在他退休是在黄金部队退休，他的退休金要比我高多了，我觉得做事情总得要对得起别人，这样才可以。

还有一个小插曲，跟部队黄主任见了面以后，黄主任就说，老杨你是哪儿的，我说我是北京老三建的，他说我哥哥也是老三建的，我说叫什么名字，他说叫黄玉琪，我说我有印象，好像他当过我的领导，他是三建加工厂的厂长，他在解放前就参加革命了，但是他没入党。我说，你告诉我个电话，我跟玉琪兄联系一下，他说不用，我让他找你去。这样黄玉琪过来了，一见如故，多少年以前我们就认识，不过那阵他是我的上级。

总之我在黄金部队这一块做了一些业绩，养了大概一百多位员工，当时公司还接受部队上十几位官兵。我过去的好朋友，像赵鹏飞跟我一直保持联系，在建筑公司的时候粮食困难期间，他让我上大东流上顺义去买火碱淀粉，玉米糊的淀粉，我们就一直保持联系。还有庞冠军，山东烟台李东生的朋友到我这当了总会计师，赵鹏飞当了总工程师。

总之我觉得在黄金部队还是做了一些事情，违反法律、违反公序良俗的这些事情，我是不敢做也不耻于做，因此没有发展到像陕西那位老总这么壮大。

我想再讲一讲黄金公司的兴，再说一说黄金公司的衰。中央在1998年说，军办企业已经是害大于利了，让胡锦涛把全国的军办企业、警办企业、公安办的企业，全部都要和部队脱钩，进入地方国有单位。当时召开会议，传达中央文件，所有公司除必要的军队自办的保障性单位外，一律转到各地方单位。一开始让自己找接收单位。我当时选了去光明日报的下属企业。李树喜是霍俊教授忘年交的朋友，当时是光明日报的一位中层领导，好像是理论部的主任，是很有才华的一位新闻工作者，他是北大历史系毕业的。我想离开黄金部队，

第一个就找李树喜帮忙。光明日报社是副部级单位，现在是
不是改成正部级了不清楚，人民日报是正部级，光明日报应
该是中共中央宣传部管的单位。那时我就找李，他愿意帮助
我，就想把黄金公司整建制的拉到光明日报。光明日报有第
三产业，也是一个局的建制，当时把我推荐给光明日报社的
主编兼社长王晨。我跟王晨见了面，王晨当时也有一位北京
建工局的朋友，他想在我和建工局朋友两个人之间做选择，
因为他跟建工局的朋友交情比较深，互相也都了解，对我他
还不是很了解。李树喜又是他的下级，又不是平级，所以最
终跟王晨谈了一次，他也没有说不愿意我进来。还是他的朋
友愿意进光明日报社，不能两个人都进来。我是带着财产进
来的，那个人带着人进来的，所以光明日报社我没有去，跟
王晨还通过一次电话，他不大愿意，我也不能强求。后来又
联系了一些单位，最终建设部当时在任的副部长杨慎，他同
时兼中房公司的董事长，中房是建设部的副部长萧桐主抓成
立的，我们三建公司去了四个人，其中有马玉山还有赵许。
马玉山是专家，也是我最好的朋友。最早是萧桐副部长管这
个公司，后来萧桐年纪大了退休了，由原来建设部施工总局
的局长又是副部长的杨慎管，杨部长认识我，他说老杨你哪
也别去了，你到中房吧。其实我和中房还有点缘分，原来最
早筹办中房的时候马玉山是成员之一，他也找过我，中房筹
办起来以后，需要资金的时候，我还给过他们钱，还给了我
三套房子，这些房子我都给了化工部的孙志福。这三套房子

都是要给政府机关的。所以我到中房就是杨慎部长找我去的，他找我跟孟晓苏见了面，孟晓苏一提我，他有点印象，再加上杨部长介绍，很快一拍即合，这样的话黄金总公司就宣布进入中房，两个单位算是合并，双方的协议都签完了，孟晓苏一看我是代表部队的，他就说老杨咱们给朱镕基总理写个信，咱们俩还有一位是叶家的人，咱三个人签名给总理写一封信。我是代表部队的房地产业，他是代表政府主办的房地产业，叶家那一位也是部队的，我估计应该是叶选宁选派的人。我们三人都签了字，当时吴邦国的大姐在中房做收发，通过吴邦国的大姐把信给了朱镕基，朱镕基批了，所有全国部队的房地产公司、公安部和安全部的房地产公司全部进入中房。这一下孟晓苏就高兴了，他由局级可望升到副部级了。资产一下子就壮大了，那时中房集团就由八千万资产一下就有几百亿的资产了。

我进中房会有各种各样的后果。我去了，肯定会有人的位子就坐不住了，因为我是局级干部，孟晓苏也是局级干部，肯定孟晓苏是让我当党委书记，他当董事长、法人代表，就有人不高兴了，设置障碍。我一看，既然是这种情况，我也就拉倒。当时孟晓苏我们两个人给财政部国有资产管理局写了个报告，对我们这个公司进行评估，评估完了以后提出了一个处置意见，同意我们公司不进入中房，我们可以改制。因为国有资产想改制没有财政部国资局批准是不行的，结果财政部国资局同意改制了。这样孟晓苏就说杨总你走吧，你的公司不进中房，但跟中房保持一个关系，我说高德公司原来部队占一定股份，部队的股份是干股没有出钱，钱全是我公司出的，花的所有钱都是我们公司花的。我说让中房占部队这股吧，这样就比较和平的跟部队也分手了，跟中房也分手了。我这边也独立了，高德实业股份有限公司、黄金实业总公司改制，完全独立了，真正做了自己能做的事，就是进入民营，全部进入民营。

得失寸心知

济南黄金实业公司，是北京黄金实业总公司开办的第一个下属全资子公司。当时正是公司的资本扩张阶段。我的夫人张燕平有一个姐姐在部队一个知名度较高的文工团当副团长。她的儿子在济南是公务员，公务员一般都会有较多的社会资源。这位济南的公务员有坚实的上层关系，其父是全国著名的作家，又是山东官场上有一定级别的现任官员。通过这层关系，就和当时的济南市长谢玉堂建立了联系。经过向部队黄司令朱政委请示，同意我们总公司在济南设立军办企业，也就是北京黄金实业总公司的全资子公司。指挥部（正军级单位）向济南市人民政府发函，申请建立黄金部队的军办企业。很快济南市政府办公厅给了回函，也就是批准文件。当时任命我为济南黄金实业公司的法定代表人。我筹现金一千万发往济南，购买了一块土地，进行房地产开发。我请济南当地的那位公务员担任副手，因为我不能常年在济南办公。那位公务员很快聘请当地专业人士组成了公司的办事机构。

那位公务员姓冯，他辞去了公务员职务，连同行政关系和党的关系一起转到北京总公司，而且担任了总公司的党委副书记、副总经理，由原来的政府副科级工作人员一下跳升到部队企业的副厅局级领导职务。我向冯移交了济南公司的领导职务，冯成为济南黄金公司的法定代表人。

根据黄金部队管理机构的规定，部队所设的企业，出资不管是不是到位，均为部队投资的企业，企业必须向部队保证每年上交利润，根据规模不等，上交额度不定。济南公司的一切费用都是北京总公司投入的，济南公司没有经营自主权，它的开支和收入必须由北京审批。这样对济南的约束力就比较大，冯感到受制。就提出：济南公司把北京总公司的投资一千万，再加一点利息，返还给北京，济南公司的资金来源就不是黄金部队，也不是北京总公司，而是他们职工自筹。因为考虑到我夫人与其姐姐的亲属关系，不好过度强硬。因为我们投资一千万的芙蓉小区，销售房屋的总收入远远超过成本投入的一倍以上，这样用三年多的时间，北京向济南公司以收取利润的名义，逐步收回济南公司占用的一千万略多一点的资金，济南公司在工商登记中把注册资金来源由上级拨款改成了职工自筹。

1998年军企分开的时候，济南公司要求跟北京公司理清关系，双方已经不是上下级关系了。但是这没有得到黄金部队的认可，部队直接下令给济南工商局，济南黄金公司由北京黄金公司全部接收，离开黄金部队，随北京总公司一起与部队脱钩。

在这种情况下，经过北京公司和济南公司会谈，双方达成共识，济南公司向济南国资委申请改制，由上级投资的国有军办企业改为职工买断股权的股份合作制企业。双方达成协议，签了文件。济南公司的五个员工也签字出资买断了济南黄金实业公司的股权。

这些手续全部办完之后，我特别惊异地收到了济南某银行的诉状，说济南公司通过另一家济南的国企担保，向金融机构借款若干万元，因为到期不还，被法院判决，要求北京公司代为还款几百万元。对此，北京黄金总公司向济南法院申请复议，经过济南法院审判，北京公司不担责任。这时济南公司已经被济南工商机构吊销了营业执照。

这件事至今没有结束。我有一些债权，被债务人通知法院，我的债权被法院扣裁，一直无法了结。济南公司的设立是为了有较好的投资环境，结果以亲属关系而招致巨大失败。

这是一个教训。我太重视家庭的关系了，太重视私人情面了，在好多问题上，包括原则问题上，为了亲情都做了让步。这样济南公司就给我整个企业系列里边添乱添得时间最持久，教训也是最深刻的一个。济南公司到今天遗留的问题仍然没有解决。

谈到教训不只是美丽的泉城济南，还应该提的是青岛公司。青岛公司当时刚把营业执照拿下来，中央政策就做了调整，朱镕基从上海市的市长调任国家副总理。当时的经济也确确实实是出现了问题，因此朱镕基来到中央以后，有邓小平的支持，就搞了经济降温，过热的经济急刹车，政策做了调整。本来青岛项目资金也投入了，土地也买了，跟地方的关系也都沟通了。那时是以部队的名义买的地，但是政策一调整，这块地到手就不能再开发了。给你批了，可以开工，但是你开了工市场找谁？一调控市场就没有了。这块地整整沉睡了十几年。我派部队的一个现役军人，一名中校军官常年住在青岛，十几年没有一分钱的收入全是开支，这块地买了以后，全部是亏损。两年多以前才把这块地的最终手续了结，出手后得到了总投入的十分之一。这也是跟宏观调控政策挂钩的一件事情。

　　还有平顶山公司问题。当时对我有极大帮助的孙志福，就是化工部大基处的孙经理。我在建立华大公司的时候，孙志福给划拨过来大笔资金，让华大公司很快扩张，很快发展。我当然要对孙志福给予回报，我成立平顶山公司就是给他成立的，就是想回馈他。他那时退休了，请他担任平顶山公司的经理，他的能力是很强的。没有多久经过省市政府批准，他发行企业债券五百万，就用这五百万把平顶山公司的房子盖起来了，房子卖出去了，一切都是孙志福操心，我除了跟当时的王全书市长（后来的河南省委书记）协调关系以外，大事都是孙志福自己做主，那个项目最终的投入产出就是嘴顶嘴，没有挣钱，也没有赔钱。为什么呢？五百万的债券你得给人家发利息，差一分钱也不行的。当时孙志福自己有一些事情，是私人之间的事情，因此他在公司有巨额的个人开支都报销了，这就把所有的盈利都变成了个人消费支付出去了。后来我知道了这些情况，再这样下去就要出大事，你不让他再做就必须把这个公司撤销。我请孙回到北京担任总公司的副总经理。这样一个急刹车，孙没想到，车刹得太急了。他当时就运用自己在当地的影响力，赊购了大量的茅台酒、中华烟，记账大概上百万。这些东西最终得要由平顶山公司还债。当时账上有一点钱我已经控制起来了，他就用赊账的办法。他当时还是经理、法定代表人，有能力赊欠。但是欠账就得还，但他把所有东西拿走了。他到南方一个城市，因为建设银行跟孙的关系是非常铁的，老孙虽然没搞过房地产开发，是在来公司以后才学的房地产开发。建设银行的高层给他安排到南方当建设银行的房地产开发公司老总，他就把这些东西带到了南方，打点上下，结果谋得了南方开发公司经理的职位。这种情况我只能打碎了牙咽到肚子里，因为人家对我是有恩的，我绝对不能对他实施制裁。

黄金建筑公司用了我的女婿当法人代表，黄金建筑公司是由总公司全额投资的，不但没有受益，硬是亏损，最终清算的时候，有债务追不回来，有应付款无法付出。家族企业也是一个应得的教训，到现在黄金建筑公司是被吊销的，还没有办注销手续。当然后来这个公司已经合并给别人了，吊销是空吊销。

　　在黄金总公司我用了一个经营处的处长，经营处是财权很大的一个单位，买地卖地，买房卖房，花钱和进钱全是大户。这个人是我一个朋友也曾经是同行又是同事，是丙午的儿子。这个人是我在华大建筑公司时期吸收的水暖工，后来我从华大建筑公司被挤出来了，这个人就失业了，就去开车。我渡过城区二建的打击之后，又成立黄金公司，这时丙午退休也过来了，当行政处的处长。他儿子当经营处的处长，父子都在公司享受厚待。我的华大建筑公司被鲸吞了，我在做房地产中介经营的时候，丙午和老田、老于他们三个人把一笔开发业务给我，我给了他们相应的报酬，这样我很快就起步了。老田当时是书记，老马是经理，老马是原来一建公司的副经理，调到纺织建筑公司当经理。因为有丙午对我的业务支持，所以用了丙午也用了他儿子。没想到他儿子就想入非非了，自己运用公司内部关系冒用黄金的名头注册一个公司，跟黄金实业总公司好像是上下级公司一样，他用了他妈的名字，又用他姊的名字当股东和法人代表，开户以后就把经营处的钱打到他妈这个公司。后来被人举报，全家带着八十万元和跟建设银行的合同款就都走了，当时是全家离开。此前他的亲属，还有哥们，当时都去俄罗斯谋生，五六个人。我当时给他们每个人几百块美金，我是赞助和支持他们的。俄罗斯最后不行了，他们又回来了，被我资助的这些人又重新进入了黄金公司，其中把这位水暖工也就带进来了。他们把公司的资金淘出去不止百万。他同时还在惠州买地，人家就给他一指，给他一个草图，他就跟人家签了协议，三百五十万就给当地人支付了。付了以后最终打官司我们全赢了，对方没钱，公司全部亏损。这种靠朋友靠亲戚办企业的情况对公司危害甚重，这也是我的责任。那个骗我的处长是品质问题，我是责任问题。这个家族全走了，丙午、他儿子、他侄子、宝宏、朱军全撤退了，这对公司的打击是相当大的。丙午的儿子还惹了好几个祸，除了惠州丢了三百五十万，还有一个杜科，他给杜科一百万，后来知道杜提供的项目也是假的，作了假合同，后来也追不回来了。惠州项目这个处长肯定是不干净的。从那个时候之前社会就不干净了，跟我想象就不一样了，已经是肮肮脏脏。这个社会由腐败进入溃败，这都是组成的元素。

非常大的一件打击就是密云项目。我与密云县的县委书记吉林，还有当时的县长王洪钟他们两个人谈。那时我还是黄金部队企业领导的身份，正在跟中房办进入的手续，一个是大企业中房，一个是黄金部队，这样的身份。很快四百亩地我投资六千万元项目就给我了。当时还说你不用立刻付款，以后再付也可以。那是一座"鬼城"，是从重庆酆都县引来的。慑于百姓的压力，县里一定要把鬼城取消，就把这个包袱甩给了我。我及时把土地证办下来了，是商业地产。第一期规划了八十栋山间别墅。为了山间别墅，我还特意到南非的桌山做了考察，桌山是可以建设山间别墅的。考察回来就做好了建山间别墅的方案，派一个工作人员任项目办公室主任。一切都办好了，这个主任的活动就出轨了，他把我给他的权力换成了个人利益。我知道他出轨，就把他撤了，撤了之后让他回总公司担任总经理助理，让杨悦农担任法人代表，注册一个大酒店有限公司。这个时候那个主任就里沟外联，他签了一个空心合同，就是假合同，公司就损失了七八百万。他跟密云当地的施工队称兄道弟，然后就把利益输送给施工单位。造一个假预算，施工队伍说拉碴土，工程款就几百万，这个主任一签字，几百万就抽走了。这个主任与施工队分了脏就跑了，当地施工单位花三十万元给他买了一辆高级车，还给了他现金。然后他又跟一个长期在我公司施工的建筑公司挂上钩。这个建筑公司是保定的，我把他安排到公司搞施工，他原来根本没有一个活，是我们公司把南北的活都给了他，他才成了气候，成了当地的大企业家。这个主任等于叛逃，公司损失七百余万。此人的儿子违规去哈尔滨，在那里出了车祸，他儿子肝破了，手臂撕裂折断，公司花了几十万抢救他儿子，到关键时刻他竟露出了动物的本性。

　　我聘请的一个法律顾问，此人原籍是天津人，是政法大学毕业的，在东北工作一辈子。从东北回到北京，进入政府机关，到北京市房管局当法制处的副处长。他退休后，经过我的老朋友司法局处长薛荫堂介绍到公司，这个人的旧意识是非常强烈的，他还是民革的成员，动不动就要钱，我觉得腐败的风气都是由这些人带动起来的。我对这些看不惯，看不惯你不依着他事情也办不了，他也确实给公司办了一些事，解决了一些问题。公司的办公用房办土地证和房产证的时候，他暗中给公司切了个口子，对经办人朝阳区房管局的李增说"杨总就是大头，你不吃他你有罪。他带着我上南非去考察，这次我给你们两口子要出国名额，让他拿五万块钱"。他切这个口子，我就绝对不同意。朝阳房管局的局长原来是这个经办人的部下，后来当了科长，由科长又当了局长。李增他们的关系是很铁的。我拒绝给李五万块钱，李就跟此人添油加醋，房管局的局长给我公司的房产上了黑名单，至今仍在。李说你的手续不能再转让，换句话说你就死在这儿了。到现在我这个房产证、土地证都是合法的，多少人都调查过，但是我们对这个房的产权动不了，办不了过户，一直到北京市政府和北京市高级法院。这个是社会的毒瘤，已经顶到天了。

这是黄金实业总公司在武警黄金部队期间和离开之后存在的问题。我进出中房这件事也要说一下。本来江泽民、胡锦涛下决心，部队不能再办企业，要把部队的企业全部转到地方。我是非常拥护的，我认为这是对的。1998年11月12月下的文件，开了会确定我这个公司必须脱钩离开部队。当时因为我们对黄金部队有一定的贡献，我们这个公司是规规矩矩上交利润的，每年一百五十万从未断过。我们还为部队官兵提供工作待遇，长达六年之久。我们公司离开，跟部队签订了协议，部队也跟中房集团签订了协议，协议都签好了，中房集团就接收了黄金公司和高德公司，高德公司是以部队的名义办的企业，这次也让我带走，全部都办好手续了。当时是粟中校管事，那时丁春元已经晋升为少将军衔了，调到武警总部在天津的学院，到那去当政委。粟中校这个人有点花花点子，把我们公司交到中房，他暗中下了家伙。我到中房是通过建设部杨慎副部长介绍，我跟孟晓苏会谈后进去的。进去之前，由孟晓苏代表我和总参的一个少将共同起草了给朱镕基总理的信，要求所有的军办房地产企业，还有公安部门的其他国家机关的房地产企业，都要转入中房。孟写的文章还是有理有力的，当时我们三个人都签了字表示负责。我们都挂上了各自的官衔，在原部队担任什么职务。我当时在武警黄金部队的时候，我是房地产公司的总经理，又是党委书记，还是部队副局级的房地产部长，这么些个衔。朱总理很快就批了。这样包括少将他们的公司和我们的公司全部进入中房。中房一夜之间收进上百个公司，总资产达几百亿，一夜暴富。

中房集团公司注册资本金是建设银行给的八千万，实投也是八千万。那也就是当时萧桐副部长的面子，建设部是正部级，建设银行是副部级，出了八千万，成为中房集团的股东之一。队伍壮大了，资产增长了，就应该脱离建设部归国资委管辖。当时孟晓苏就应该由正局级升格为副部级待遇，中房集团公司的办公室更名为办公厅。

我进入中房以后，孟晓苏曾跟我讲，他说杨总你带来的资产都合并了，合并到中房集团了，下一步杨部长要退休，杨部长退休我就是董事长，法人代表。总经理是上海房管局的一个副局长老殷，杨部长跟对方谈了，我也见了面了，他做总经理，你就做党委书记，当时都是局级企业。苏跟我谈话的时候，我当时没表示拒绝也没表示答应，我就说我还得在我这个公司里，我不会到集团里边来工作。隔墙有耳，有人在门缝里听着我们谈话，当时的党委书记是建设部的一位司长，在职的司长从建设部调过来的，担任中房的党委书记。孟说这位书记到点了，要退休。那个听我和孟谈话的人就立刻跟有关的人汇报了。他们采取了一系列措施，把我已经进入中房集团的企业硬是拒之门外。

当时中纪委和其它中央机关有好多局处级干部不好安排，就把一部分处长都放到企业，中房就必须接收。其中有一个到了中房以后，负责企业安置。军企进入地方企业要经过中央交接办，该人是跟中央交接办公室直接联系的人。这件事情被偷听的人捅开了以后，就由这个姓王的处长跟交接办打招呼，说这是武警部队交接之后给的，没有经过中央交接办。这个姓王的处长在中交办这儿，就把我们公司毙了。他对孟说，中交办没办手续，我们不能收黄金公司，得退回去。

这个人起了这么个作用，孟当时还想坚持，要直接要找国资委去交涉这个事，后来考虑到这个处长在上边，尤其是在中纪委的影响力，孟就妥协了。我从武警部队进了中房，中房又给退回来。这样，武警部队也绝对不能再接收，他们也是经过部队批准的。这就形成了我们必须自己找婆家了。当时我找了北京市工商局的局长和副局长，还有改制办公室的负责人做了一些交涉，交涉以后北京市工商局就同意我们是国有企业，要按文件规定进行改制，没有上级了，改成股份合作制，就是职工持股。这一来就经过了好几年的时间，中房那边不愉快，但是当时孟跟我个人的关系是非常好的，我也不能够全变成我自己的企业，中房还得占上一点股份，占17%的股份。高德实业股份有限公司那是经过洪学智将军的公子洪虎批准成立的，就是国家发改委批准的，所以央企应该持股。

这一折腾就是三四年，这才算是跟中房把关系弄清了。这是进出中房的来龙去脉。

总的看我们公司进出黄金部队得与失，得就是当时有一顶红帽子，他是军办企业，有正式的任命，有正式的协议，中国管理科学研究院有背书，是合法的。后来资产归中房，中房不要又出来，这样我们就由国有直属企业变成了部队的挂靠企业，这个身份也就确定了。我向黄金部队上交的现金和给部队安置的十几个官兵支出大于一千万。这就是"得"，得了一顶红帽子，六年交了一千多万，一年是一百五十万，离开部队时还差一百万，依法可以不交了，但是部队还不干，部队又起诉了我们公司，没办法，又给补了一百万。进入中房的得与失，还有这些小的插曲，我想我们社会的现状大体也就这样了。

对于企业整体上分为体制内和体制外两部份，在体制内是三建公司、玻璃厂、天津二建；后来离开体制是到华大公司、到中管院、到海南又到黄金部队，这都是在体制外的活动。从黄金部队进中房没有成功，又变成股份合作制企业，后来把股份合作制又改成有限公司，这周折反转很是复杂。总之一直以来一起共事的这些朋友们，这些同事们还都是合作的，除了丙午的儿子干了些蠢事，还有那个内外勾结的人出卖企业利益赚取个人利益，使企业有七百多万损失外，其他工作人员还都是非常友好非常配合的。

下边再说一下，变成股份合作制企业又变成有限公司，这就跟官方减少联系了。改制后的黄金公司已经被骗子和司法机关掠夺走了，现在的高德实业公司和高德地产公司，有二十多年的历史了。从 2000 年、2001 年转制到现在又有二十多年了，这二十多年把企业的积累全部消耗尽了，因为二十年没有收入光有支出，企业想注销都办不到。从中房退出改为民营企业，企业的党委无处存身，就放到朝阳区非公工委。为了解决司法问题，需要党组织支持，结果我们亲临一国两制之外的又一个发明"一党两制"！党委会离开体制进入民营只有交党费的功能，没有了任何待遇，没有了任何支持。我们还面临了公司自办企业以来的第二次被致命的大案，也是我全部经济活动当中的第二大案件。第一次大案件就是华大公司进入城区总公司被鲸吞，集体企业财产被市政府支持的集体总公司鲸吞了。

第二次失去重要财产是被一个骗子伙同建设银行的一个行长在一个政法机关支持下骗了。骗子刻了假公章，造了假地址，做了假文件，找了假证人，伪造了假证据，全部是假的。他已跟建设银行一个支行勾结联系，又得到建设总行的支持。后来为找回损失，经过北京市市长郭金龙，北京市委副书记王安顺批准，北京市公安局立案侦查，当时已经决定抓人了，但是抓人受到建行阻挠。因为我们已经离开了体制，当时建行总行的一位副行长，是国家领导人的夫人，她支持下属银行。自她介入以后，当时直接管这案件的人是傅局长，当时马振川局长曾明确表示此案由傅办理，他没管。当时我们是很鼓舞的，已经通知我们的副总经理和市局经侦处组成联合小组配合检察院工作。检察院如果同意批准他们立刻就抓捕了。这时建总行副行长介入了，介入以后这个案件的性质就改了。建行介入就不只是要做公安局傅局长的工作，还要做北京市的工作，我已经是民营企业了，不是体制内了，你想一想会怎么样？这不但是"一党两制"也是"一事两制"了。伪造证据的人，把大量的利益输送给主管人员，这样他下了一道命令，这个案件就停了，由立案变停案，两次给我公司发通知，案件改为不予立案。这个人百分百是一个问题官员，把我们的四百亩建设用地给拿走了，四百亩建设用地当时的评估价是七个亿。这七个亿全部被窃取了。因为你是民营企业，谁都可以欺负你，任何一个单位都可以欺负你。更主要的是，主管官员可以任意而行，而不受法律裁判。到现在我们公司未了的问题一大串，都是我们有理的，可现在都变成了解决不了的问题，搁那挂着。所以后续这 20 年是凄凄惨惨戚戚，是非常无奈的。

痛心疾首

我还要进一步说明企业改制后由军企变成股份合作制企业再变成纯民企的过程。改制后的这二十年，就是从 2002 年到 2022 年，把这个情况比较细致地叙述一下。

改制前就是戴着红帽子，因为所有的企业资本金全是我们自筹。不管是中国管理科学研究院，还是海南城建开发总公司，还是到武警部队，那个时候是带着国有企业的红帽子。从 1986 年开始离开城区二建，进入中国管理科学研究院，再到海南，再到黄金部队。从 1986 年到 1992 年，再从 1992 年到 1998 年，这个阶段是戴着红帽子的阶段。2002 年改制以后，先改为股份合作制企业，企业还是有国企的元素，等改到有限公司，那就是完全的民企了，没有任何国有因素了。

在戴着红帽子这个阶段是资金积累的阶段，就是我进入中国管理科学研究院也是白手起家的，进入华大公司也是白手起家的，这两个地方都是白手起家。华大公司当时接近二千万的企业资产被鲸吞了，那个时候的二千万大概合现在的二十个亿。进入中国管理科学研究院又是白手起家，这次积累了一些资产，到海南的时候接近三百万，从海南出来到黄金部队是四百八十万，可能有些账还没算，都算上大概接近五六百万。跟中房没有合并成功，如果合并成功，那就不好戴红帽子了，资产就必须全部交给中房了，跟在黄金部队就不一样了。从中房出来以后改成股份合作制，红帽子就变成了粉帽子，再改成有限公司，红帽子就变成了白帽子，就没有颜色了。改制之前是资金积累阶段，大概有七亿一千万左右。2005年改成有限责任公司，实际上离开黄金部队、离开中房，你就是不改制，你已经没有支撑了，那个时候不但把一个价值七个亿的四百亩土地被体制内的人和骗子合谋在官员傅局长介入下又被鲸吞了，这是第二次被鲸吞。从那个阶段开始就没有收入了，积累的资金每天都在消耗，这二十年积累的大概九百万块钱左右，基本上是消耗殆尽了。

一个是在雄县抓准了机会，雄县政府、雄县土地管理部门跟我们签订了协议，给一块土地建两万平米房子，至少能有千万以上的利润。在我们花近千万买地之后的第三天，国家就宣布成立雄安新区，一切经济活动包括房地产全部冻结，一直到今天不解冻。那时投的资金大概是五百多万，到今天连改变登记都不行，投资就被黑在那了。这是国家的决定啊！

还投资一个洗煤厂，投了一百多万。由于中央为了开国际会议，不准许工业企业冒烟，活生生的一个盈利企业，整个投资三百万，我投了一百多万，停产就是烧钱，冒一股烟我的百万投资又被中央的决定没收了。因为不让你生产，租房的租金得照拿，人员的工资得照拿，企业就等于冒了烟，一股烟冒了就完了。

后来又听说中央领导提倡足球从娃娃抓起，我们投其所好生产足球，又投资办了一个足球生产企业。给员工加薪，聘请专家，投入设备，总计投资二百多万，一次性的就打了水漂。又是这位领导说为开国际会议，必须保蓝天，强行停产，拉闸限电，冒烟就罚死你，二百多万投资全部宕尽。

在体制之内（所谓体制我是应该打引号的）多少还是能盈利有积累的，离开体制迅速的消耗了积累。从2002年算起，到现在二十年了。二十年积累的血汗钱已经消耗尽了。现在法院判决，别人应该赔偿我一百多万，根本就得不到，这个判决是有了，人没了，人不是没了，人还在，但是上了黑名单不给钱。

五六百万块钱投资雄县的建设用地，现在政府机关连一个说法都没有，原来是中央新区，结果领导人又说不是了，叫河北省新区了。新区还在，只是不是国家的了，改为河北省的，河北省是个穷省，上哪拿钱去，这件事在国家是不了了之，在一个家庭一个企业就是人祸人灾。

这二十年给我的教训，第一，把积累吃空。第二，你所有可以依法解决的问题，全部都无法解决。我们公司就这几十年积累下来的问题，已经形成了几十个诉讼，形成哪个诉讼都是我们有道理的，结果我们都输了，唯一一个赢了的就是丰台法院，结果二审又输了，所以说民营企业你不但不能够盈利，你失去了党的支持，党是不能让民营企业有所作为的；你失去了党的支持，结果你迅速的败家了。我想这就是两个极大的教训。经济上垮塌，政治上被压。最近这二十年，也就是摘了红帽子的这二十年大体就是这样。二十年前戴着红帽子的时候有积累，脱了红帽子积累就迅速消失了。改制后的这二十年足以汲取的教训，这个教训就叫：离开体制寸步难行!现在我已经是百疾缠身，无可依靠了，虽然我还非常乐观，我盼着社会好起来，我想也一定会好起来。

后记

　　这个回忆写到今天告一段落。今天也正好是我进入国有企业参加工作七十年。从明天起我退出所有企业活动，但是不会停止社会活动。

　　我深感底炼的无奈。我们的社会就是旗帜鲜明地存在上层和底层。在上层是幸福的，无忧无虑，当然也就无炼。在底层时时刻刻都在炼之中。我在"四味斋"写这个回忆，唯一的目的就是让我们的社会消除底层，尤其是底炼。

　　我用差不多一生的时间想到了这么多。能否如愿，就看我的底炼同侪读后有何回馈了。

作者

二〇二二年七月一日

附录照片

杨钟仁工作照

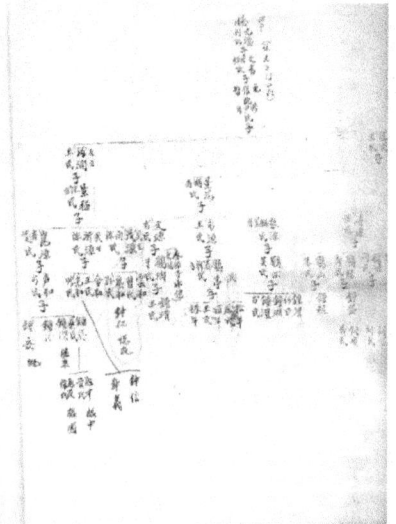

杨氏家谱

杨钟仁出生地

祖母陈氏

父亲杨广和

母亲孙育臻、妹妹杨钟仪

左起四姑、五姑、三姑

女儿晓宇，加拿大注册建筑师

公司全体员工合影

建设部萧桐副部长在城建所视察工作
前排左二黄明延、左四赵雪明、左五左六萧部长夫妇、
左七杨钟仁、左八马玉山

在阜新市召开的中国管理科学研究院城建经济学研讨会

京港赴加拿大黄金项目考察团
从左至右：黄金部队雷动柄大校、杨钟仁、
铁道部驻港办事处陆局长、丁春元少将、刘部长

海南成片开发与管理学术研讨会
海南省委、省政府、中国改革研究会（海南）、
中管院、城建所联合召开

海南城建开发总公司挂牌
前排从左至右：杨钟仁、建设厅刘厅长、海南日报社长、海南大
学李昌邦书记、钟业昌（记者）

黄金公司进入中房集团十周年

王昆照片和赠言

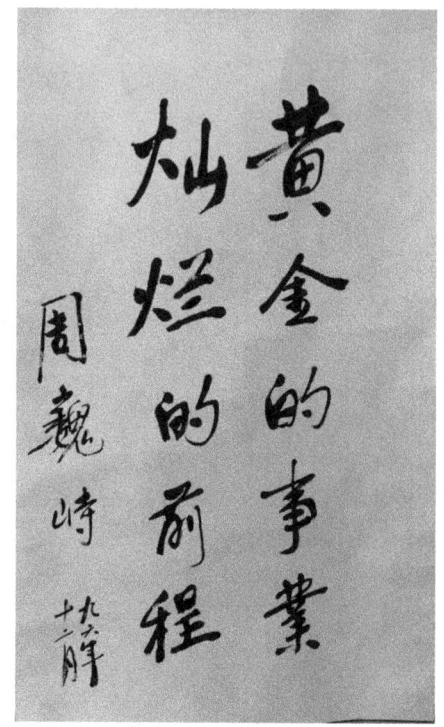

周巍峙题词

王昆与杨钟仁合影

杨钟仁与黑龙江省副省长、九三学社副主席、
全国政协常委安振东

杨慎副部长考察工作

中房董事长孟晓苏在签约会上致词

密云县政府与中房高德公司签约
出席签约领导：左二黄玉珩、左四朱智昌、
左五吉林县长、左六安振东副省长

杨钟仁与密云县副县长孙琪签约

与冶金部人事司领导谈合作事项
前排左起管抗美主任、朱智昌主任、
人事司长姚恩树、杨钟仁、黄玉珩

八十二岁生日

前排左起刘少平、杨钟仁、张燕平、曹文举

后排左起郭海林、何长琪、虚杰、虚涵、

阴梅香、杨淑英、邹家育、郭元方、马楠

八十三岁生日

前排张燕平和杨钟仁

后排子女左起虚杰、虚鸿、悦农、虚涵

天津伙伴：

前排左起庞继萱、吕堃、杨永志、胡凤（胡希武）、

张薇森、张佩文，后排左起韩宝瑞、马志云、杨钟仁、

多长顺、方麟起、甄志刚

www.ingramcontent.com/pod-product-compliance
Lightning Source LLC
Chambersburg PA
CBHW070909120626
46546CD00001B/198